Great Expectations

위대한 유산

위대한 유산

First edition: October 2011

TEL (02)2000-0515 | FAX (02)2271-0172
ISBN 978-89-17-23789-4

YBM Reading Library 는...

쉬운 영어로 문학 작품을 즐기면서 영어 실력을 크게 향상시킬 수 있도록 개발된 독해력 완성 프로젝트입니다. 전 세계 어린이와 청소년들에게 재미와 감동을 주는 세계의 명작을 이제 영어로 읽으세요. 원작에 보다 가까이 다가가는 재미와 명작의 깊이를 느낄 수 있을 거예요.

350 단어에서 1800 단어까지 6단계로 나누어져 있어 초·중·고 어느 수준에서나 자신이 좋아하는 스토리를 골라 읽을 수 있고, 눈에 쉽게 들어오는 기본 문장을 바탕으로 활용도가 높고 세련된 영어 표현을 구사하기 때문에 쉽게 읽으면서 영어의 맛을 느낄 수 있습니다. 상세한 해설과 흥미로운 학습 정보, 퀴즈 등이 곳곳에 숨어 있어 학습 효과를 더욱 높일 수 있습니다.

이야기의 분위기를 멋지게 재현해 주는 삽화를 보면서 재미있는 이야기를 읽고, 전문 성우들의 박진감 있는 연기로 스토리를 반복해서 듣다 보면 리스닝 실력까지 크게 향상됩니다.

세계의 명작을 읽는 재미와 영어 실력 완성의 기쁨을 마음껏 맛보고 싶다면, YBM Reading Library와 함께 지금 출발하세요!

YBM Reading Library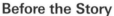

책을 읽기 전에 가볍게 워밍업을 한 다음, 재미있게 스토리를 읽고, 다 읽고 난 후 주요
구문과 리스닝까지 꼭꼭 다지는 3단계 리딩 전략! YBM Reading Library, 이렇게 활용
하세요.

Before the Story

People in the Story
스토리에 들어가기 전,
등장인물과 만나며 이야기의
분위기를 느껴 보세요~

In the Story

★ 스토리
재미있는 스토리를 읽어요. 잘 모른다고
멈추지 마세요. 한 페이지, 또는 한 chapter를
끝까지 읽으면서 흐름을 파악하세요.

★★ 단어 및 구문 설명
어려운 단어나 문장을 마주쳤을 때,
그 뜻이 알고 싶다면 여기를 보세요.
나중에 꼭 외우는 것은 기본이죠.

I couldn't bear it and pleaded, "Don't marry
Drummle, Estella! There are many men far better than
him!"

"I have chosen to marry Mr. Drummle!" she said. [1]

"You'll soon forget me!"

"Never!" I cried. "You are everything to me, Estella!"

I took her hand and held it to my lips for a moment
and then I left her. I was so angry that I walked all the [2]
way back to my lodgings in London.

On my return, the night porter handed me a note
and said, "The gentleman, who delivered it, said you
must read it before you go to your rooms."

I opened the note, it simply said:

"Don't go home. Wemmick."

To be safe, I took a room in Covent Garden, and after
a sleepless night, I went to visit Wemmick.

★★★ ❓ What can be inferred?
a. Pip got lost.
b. Pip's house is being watched by someone.
c. Pip doesn't know where to go.

정답p.○

★★ □ bear 견디다   □ on 즉시, 바로바로
     □ plead 간청하다   □ return 귀가, 귀환
     □ far (비교급 앞에서) 훨씬 더   □ note 메모
     □ all the way 내내, 먼 길을 무릅쓰고   □ deliver 배달하다, 넘겨 주다
     □ lodgings 하숙집   □ sleepless 잠 못 이루는

112 ● Great Expectations

★★★ 돌발 퀴즈
스토리를 잘 파악하고
있는지 궁금하면 돌발 퀴즈로
잠깐 확인해 보세요.

and a large pork pie
from the pantry.
Then I poured some
brandy into an empty
bottle, and topped my
sister's flask up with water. Finally, I slipped in
uncle's workshop, and took the biggest file I
  Outside it was cold and frosty as I sprinted
the marshes. I felt guilty about stealing food
sudden, through the mist, some cattle appea
staring eyes, and steaming nostrils seemed t
"Hello, young thief!"

Mini-Less★

If + 주어 + had p.p., 주어 + would + 동사원형: ~했더라면 …

Check-up Time!

● WORDS

Across

Down

● STRUCTURE

1 As I don't have _____ enough money, I can't buy it.
  _____ enough money, I can't buy it.

2 As I didn't know the word, I looked it up in the diction
  _____ the word, I looked it up in the
  dictionary.

Mini-Lesson
너무나 중요해서 그냥 지나칠 수 없는
알짜 구문은 별도로 깊이 있게 배워요.

Check-up Time!
한 chapter를 다 읽은 후 어휘, 구문,
summary까지 확실하게 다져요.

Focus on Background
작품 뒤에 숨겨져 있는 흥미로운 이야기를
읽으세요. 상식까지 풍부해집니다.

1 **choose to + 동사원형** …하기로 결심하다
  I have chosen to marry Mr. Drummle! 난 드러믈 씨와 결혼하기로 했어요!

2 **so + 형용사 + that 절** 너무 …해서 ~하다
  I was so angry that I walked all the way back to my lodgings in
  London. 나는 너무 화가 나서 런던에 있는 하숙집까지 내내 걸어서 돌아갔다.

After the Story

Reading X-File 이야기 속에 등장했던
주요 구문을 재미있는 설명과 함께 다시 한번~

Listening X-File 영어 발음과 리스닝 실력을 함께
다져 주는 중요한 발음법칙을 살펴봐요.

MP3 Files
www.ybmbooksam.com에서 다운로드 하세요!

– YBM Reading Library –

이제 아름다운 이야기가 시작됩니다

Great Expectations

Charles Dickens (1812~1870)
찰스 디킨스는…

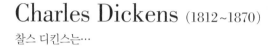

영국의 해안도시 포츠머스에서 태어났다. 해군
조선소에서 근무했던 아버지 밑에서 잠시 유복
한 시절을 보내지만 아버지가 빚을 지고 투옥
되면서 공장에 취업, 직공 생활을 하게 된다.
열다섯 살 때부터 변호사 사무실, 법원 등에서
일을 한 디킨스는 스무 살이 넘어서 신문사의 기
자로 활동하며 본격적인 글쓰기를 시작했다. 1839
년, 한 고아 소년의 삶과 모험을 사실적으로 그린 〈올리버 트
위스트(Oliver Twist)〉로 큰 인기를 얻은 후, 〈크리스마스 캐롤
(Christmas Carol), 1843〉, 자전적인 소설 〈데이비드 카퍼필드
(David Copperfield), 1850〉, 프랑스 혁명을 배경으로 한 역사 소설
〈두 도시 이야기(A Tale of Two Cities), 1859〉 등의 명작을 남겼다.
디킨스는 어린 시절 경험했던 밑바닥 계층의 삶을 작품 속에서 생생하게 그
려내는 한편, 귀족들의 속물 근성을 신랄하게 풍자하여 대중들의 사랑을 받
았다. 생애 마지막 10년간 전국을 돌며 작품 낭독회를 개최하기도 했던 디
킨스는 다양한 인간상을 사실적으로 제시하면서도 그 안에 깊고 따뜻한 인
간미를 담고 있어 현재까지도 영국을 대표하는 작가로 인정받고 있다.

Great Expectations

위대한 유산은…

부모를 잃고 누나와 대장장이 매형 손에서 자라던 핍이 어느 날 묘지에서 탈옥수를 만나면서 이야기가 시작된다. 험악한 죄수에게 먹을 것을 가져다 주는 친절을 베푼 후 시골의 대장간 소년으로 살아가던 핍은, 상류계층인 부유한 해비샴 부인을 만나고 그녀의 아름다운 양녀 에스텔라를 사랑하게 되면서 가난하고 교육 받지 못한 자신의 비천한 신분에 환멸을 느낀다. 다 행히 정체를 알 수 없는 후견인의 도움으로 런던에 가서 신사로 성장하지만 결국에는 많은 빚을 지고 순수했던 인간성을 상실하고 만다. 게다가 자신의 후견인이 해비샴 부인이 아닌 탈옥수 매그위치였고 에스텔라가 그의 딸임 이 밝혀지면서 큰 충격을 받는다. 매그위치의 체포로 인해 유산 상속마저 수포로 돌아간 상태에서 마지막 순간까지 핍을 보살펴 준 사람은 바로 대장장이 매형 조였다. 매형의 진정한 사랑과 신뢰야말로 '위대한 유산' 임을 보여주 는 작품 〈위대한 유산〉은 신사의 본 질은 지위나 재산이 아니라 인간에 대한 따듯한 애정과 신뢰임을 일 깨워 준다.

People in the Story

〈위대한 유산〉에 등장하는 인물들을 살펴볼까요?

Joe Gargery
핍의 매형. 대장장이로 투박하게
살면서 핍을 끝까지 보살펴 위대한
사랑이 무엇인지 보여준다.

Pip
부모를 잃고 누나 손에서 자라다가
에스텔라를 만나 사랑에 빠진다.
정체를 알 수 없는 후원자에게서
재산을 물려받고 신사가 되기
위해 런던으로 떠난다.

Abel Magwitch
탈옥수. 음식을 얻어먹은 인연으로
핍을 후원하여 신사로 만든다.
핍을 만나기 위해 탈출했다가
사형선고를 받는다.

Miss Havisham

핍의 마을에 사는 부유한 노부인. 젊었을 때
약혼자에게 배신 당한 충격 때문에 늘
웨딩드레스를 입고 집 밖에 나오지 않는다.

Estella

해비샴 부인의 양녀. 아름답지만
마음이 차가워 핍의 애를 태운다.
후에 매그위치의 딸로 밝혀진다.

Herbert

신사 집안의 아들로, 핍과 런던 생활을 함께
하면서 어려울 때 도움을 주기도 한다.

a Beautiful Invitation
– YBM Reading Library

Great Expectations

Charles Dickens

Call Me Pip!
내 이름은 핍!

My father's family name was Pirrip and my christian
name* is Philip. I couldn't say Philip when I was young,
so I called myself Pip. I never knew my mother or father,
or my five brothers, because they all died before I was
old enough to remember them. The graveyard, where
they are buried, is neglected and overgrown with nettles.
But I have cleared a little space next to their tombstones
where I often sit dreaming of how different my life
would be if they had lived.

christian name은 세례명이라고도 하며,
성(family name)이 아닌 자신만의 이름을 가리켜요.

- ☐ graveyard 묘지
- ☐ neglect 방치하다
- ☐ overgrown with …가 무성하게 자란
- ☐ nettle 쐐기풀
- ☐ clear (장소를) 깨끗하게 치우다
- ☐ tombstone 묘비, 묘석
- ☐ be situated in …에 자리잡다
- ☐ damp 축축한
- ☐ misty 안개 낀
- ☐ marshland 습지대
- ☐ estuary 강어귀

- ☐ bleak 황량한, 삭막한
- ☐ barren 메마른, 불모의
- ☐ grab ... by one's(the) collar
  …의 목덜미를 잡다
- ☐ Hold your noise! 입 닥쳐!
- ☐ irons 족쇄, 수갑
- ☐ chain 쇠사슬
- ☐ gasp (놀람 · 공포로) 헐떡거리다
- ☐ lift 들어올리다
- ☐ devil 놈, 녀석; 악마
- ☐ snarl 으르렁거리다, 호통치다

I live with my sister and her husband, Joe Gargery, in a village thirty miles south-east of London. The village is situated in the cold, damp and misty marshland between the estuaries of the River Thames and River Medway. The marshland is a bleak and barren place, and people can hide there without being noticed.

One cold afternoon, as I sat in the graveyard, a very large man grabbed me by my collar.

"Hold your noise!" cried a terrible voice.

He had heavy irons and chains around his legs, and his clothes were covered in mud.

"Who are you?" I gasped as he lifted me off my feet.

"Keep quiet, you little devil, or I'll cut your throat!" he snarled.

"Don't hurt me, sir!" I begged, as I looked at his angry face.

"Tell me your name!" said the man.

"Pip, sir," I stammered.

"Where do you live?" he asked.

I pointed to my village and said, "There, sir, with my sister and her husband, Joe Gargery. He's the village blacksmith."

"A blacksmith, eh!" he said, as he rubbed his hands together. "I won't hurt you if you bring me some food, brandy and a large file to cut through these chains. And tell no one, or I'll have your heart and liver out!" [1]

"Yes, sir!" I whispered.

"Don't forget," he growled. "But watch out, there's another man hiding out here. He'll kill you as quick as look at you!"

I tried to run home, but my legs felt wobbly and I couldn't go very fast. Halfway home, I stopped to catch my breath and looked around. But the man had vanished!

□ stammer 말을 더듬다
□ point to ···을 가리키다
□ blacksmith 대장장이
□ file (쇠·손톱 등을 가는) 줄, 줄칼
□ growl 호통치다, 으르렁거리다
□ watch out 조심하다
□ wobbly 비틀거리는
□ halfway 도중에, 중간쯤에
□ catch one's breath 한숨 돌리다
□ vanish 사라지다

1 명령문, or ···해라, 그렇지 않으면
And tell no one, or I'll have your heart and liver out!
그리고 아무한테도 말하지 마, 그렇지 않으면 네 심장과 간을 뽑아버릴 테니까!

My sister was twenty years older than me, and was always cranky. She liked to tell everyone that she brought me up by hand. But her husband, Joe, was a mild, good-natured, easygoing man.

"You're in trouble, Pip!" said Joe when I returned home. "Quick, hide behind the door, your sister is looking for you."

But, it didn't take her long to find me!

"Where have you been?" she demanded.

"Only to the graveyard," I replied.

"The graveyard! If I hadn't brought you up by hand, you'd be buried there with the rest of the family!" ☀

Suddenly, without warning, she grabbed me by the shoulder, and whacked my bottom with her stick!

"Who brought you up by hand?" she demanded.

"You did," I cried.

□ cranky 괴팍한
□ bring up by hand 손수 키우다
□ good-natured 성격이 좋은
□ easygoing 태평한, 느긋한
□ demand 다그치다
□ bury 묻다, 매장하다
□ rest 나머지
□ without warning 예고도 없이
□ whack (지팡이 등으로) 때리다
□ bottom 엉덩이
□ tiptoe 발끝으로 걷다

□ pantry 식료품 저장실
□ pour 붓다
□ top A(목적어) up A를 가득 채우다
□ flask 휴대용 작은 병
□ slip into …로 살짝 들어가다
□ workshop 작업장
□ frosty 서리가 내린, 매섭게 추운
□ sprint 전속력으로 달리다
□ staring 응시하는, 노려보는
□ steaming 김이 나는
□ nostril 콧구멍

I didn't sleep much that night, and very early the next morning I tiptoed downstairs. I took bread, cheese and a large pork pie from the pantry. Then I poured some brandy into an empty bottle, and topped my sister's flask up with water. Finally, I slipped into my uncle's workshop, and took the biggest file I could find.

Outside it was cold and frosty as I sprinted toward the marshes. I felt guilty about stealing food. All of a sudden, through the mist, some cattle appeared. Their staring eyes, and steaming nostrils seemed to say, "Hello, young thief!"

Mini-Lesson

See p.146

If + 주어 + had p.p., 주어 + would + 동사원형: ···했더라면, ~할 텐데

과거사실을 반대로 가정하는 가정법 과거완료(had p.p.)와, 현재사실을 반대로 가정하는 가정법 과거(would + 동사원형)를 함께 쓰면 '(과거에) ···했더라면, (지금) ~할 텐데'라는 뜻의 혼합가정법 문장이 된답니다.

• If I hadn't brought you up by hand, you'd be buried there with the rest of the family!
  내가 너를 손수 기르지 않았더라면, 너도 다른 가족들과 거기에 묻혀 있을 거야!

I crossed a large ditch, and saw the figure of a man sitting nearby. He turned to me as I approached, and I was shocked to discover it wasn't my convict! This man had leg irons too, and his pale face was badly cut and bruised. When he saw me, he jumped up and stumbled off into the mist. I hurried on and soon found my man waiting beneath a gnarled old tree.

"I can't get you or your friend anymore food or drink," I said.

"He doesn't need any," replied the man, gruffly.

The convict started filing his leg irons like a madman.

"Where did he go, boy?" he demanded.

But I was too frightened to answer, and ran home as fast as I could go.

Soon our guests arrived to join us for Christmas dinner: Mr. Wopsle, the village preacher and Joe's wealthy Uncle Pumblechook.

"Here's a bottle of sherry* and a bottle of port*," said Pumblechook.

sherry(셰리주)는 남부 스페인에서 나는 대표적인 백포도주, port(포트와인)는 포르투갈에서 나는 대표적인 적포도주랍니다.

"Oh, that is very kind, Uncle," said my sister sweetly.

We all sat down at the table, and Mr. Wopsle said a quick prayer before we began to eat. Then my sister said, "Would you like some brandy, Uncle Pumblechook?"

"Oh no! The moment I've been dreading has arrived!" I thought. "He'll know it's been watered down!" [2]

- □ ditch 도랑
- □ nearby 가까이에
- □ figure 모습
- □ convict 죄수
- □ pale 창백한
- □ badly 몹시
- □ cut and bruised 베이고 멍든
- □ jump up 벌떡 일어서다
- □ stumble off into …로 비틀거리며 가다

- □ gnarled 마디〔옹이〕투성이의
- □ gruffly 퉁명스럽게
- □ madman 미친 사람
- □ frightened 겁먹은
- □ preacher 목사
- □ sweetly 상냥하게
- □ prayer 기도
- □ the moment + 절 …한 순간
- □ dread 걱정하다, 두려워하다

1 **too + 형용사 + to + 동사원형** 너무 …해서 ~할 수 없는
But I was too frightened to answer, and ran home as fast as I could go. 하지만 난 너무 무서워서 대답을 못하고 집으로 최대한 빨리 달려갔다.

2 **water down** 물을 타다, 희석시키다
He'll know it's been watered down!
그것에 물을 탔다는 걸 그가 알게 될 거야!

I held my breath and waited to see his reaction. All of a sudden, Pumblechook sprang to his feet, turned round several times and spat the liquid from his mouth.

"It's tar!!!" he cried.

"But, how did tar water get in there?" asked my sister.

Unfortunately, only I knew the answer to that! I had filled up my sister's brandy flask from the tar-water jug by mistake. But I knew I was in real trouble when she said, "Would you like some pork pie, Uncle?"

Thankfully, I was saved by a knock on the door. When I opened it, I was confronted by a small group of soldiers.

"Oh no!" I thought. "They've come to arrest me for stealing!"

"Sorry to interrupt," said the sergeant. "We're after an escaped prisoner and need these handcuffs repaired!"

□ hold one's breath 숨을 죽이다
□ reaction 반응
□ all of a sudden 갑자기
□ spring to one's feet 벌떡 일어나다
□ turn round 빙빙 돌다
□ spit (침을) 뱉다 (spit-spat-spat)
□ liquid 액체
□ jug 물주전자, 물병
□ by mistake 실수로
□ be confronted by …와 대면하다
□ arrest 체포하다
□ interrupt 방해하다
□ sergeant 하사관
□ be after …을 추적하다
□ need+A(목적어)+과거분사
　A를 …되게 해야 한다
□ handcuffs 수갑
□ take long to+동사원형 …하는 데
　오래 걸리다
□ rush from …에서 급히 나가다
□ missing 사라진
□ prisoner 죄수
□ betray 배반하다
□ keep up with …을 따라잡다

"It won't take long to fix them!" said Uncle Joe, and he rushed from the room.

"Whew!" I thought. "They haven't come for me, and no one seems to know about the missing pie!"

Uncle Joe came back with the handcuffs, and suggested we join the soldiers.

"Oh no, I hope the prisoner doesn't think I've betrayed him!" I thought, as we hurried to keep up with the soldiers. Then, suddenly, we heard shouting through the mist.

"Convicts this way! Hurry up men!"

We all ran forward and came upon two men fighting in the mud.

"Surrender and come quietly you two!" shouted the sergeant.

The thin young prisoner cried, "But he tried to murder me!"

"Don't complain!" said the guard. "You are both going back to the ship!"

We walked to where the rowboat was waiting. But before my convict boarded the rowboat, he turned to us and cried, "I stole food and drink from the blacksmith in the village!"

"God knows you're welcome to it!" shouted Uncle Joe. "We don't know what you've done, but we wouldn't have you starve to death!"

"Whew, I've got away with it," I thought as I watched them disappear into the night. A prison ship that looked like a Noah's ark was waiting for them a little way from the shore.

□ come upon 맞닥뜨리다
□ surrender 항복하다
□ complain 투덜거리다
□ guard 호송병
□ rowboat (노로 젓는) 보트
□ board 승선하다
□ starve to death 굶어죽다
□ get away with (크게 벌 받지 않고) …가 끝나다
□ look like …처럼 생기다
□ Noah's ark (성서) 노아의 방주

# Check-up Time!

● **WORDS**

빈칸에 알맞은 단어를 보기에서 골라 써넣으세요.

easygoing	bruised	wobbly	misty

1 I've been ill in bed for almost a week and my legs are still feeling _____.

2 My friend Jack is very _____ and does not easily get stressed.

3 The weather was so _____ that we couldn't even see a car ahead of us.

4 The boy's cheek is _____ and swollen after a fight.

● **STRUCTURE**

알맞은 것을 골라 문장을 완성하세요.

1 If he had been diligent when young, he (would be / would have been) a rich man now.

2 I need this computer (repairing / repaired) right now.

3 Tell me the truth, (and / or) you won't be forgiven.

4 I was (too / so) sleepy to be attentive during his lecture.

다음 질문에 알맞은 답을 고르세요.

1 What did the convict feel when he heard that Pip lived with a blacksmith?

   a. He felt relieved that he could get something to break open his leg irons.

   b. He felt sorry for Pip because blacksmiths are usually poor.

2 Why did the convict say he himself stole food and drink?

   a. He wanted to be imprisoned for stealing.

   b. He didn't want Pip to be involved in the incident.

● SUMMARY

빈칸에 맞는 말을 골라 이야기를 완성하세요.

Pip, a lonely boy living in a remote village, met with a (　　) in a graveyard. The man (　　) to hurt Pip if he didn't bring him a file and food. Pip stole some bread from his sister's house, but felt guilty because of it. With the help of Pip, the convict broke his irons, but he was soon (　　) again. Pip saw the convict (　　) toward a prison ship into the night.

a. arrested   b. convict   c. threatened   d. disappearing

ANSWERS

Summary | b, c, a, d
Comprehension | 1. a 2. b

Miss Havisham and Estella

해비샴 부인과 에스텔라

I was about ten years old when Joe's Uncle
Pumblechook took me to Miss Havisham's. She wanted
a boy who could play there, and entertain her. She was
immensely rich and a bit strange. Everyone knew about
her, but no one remembered seeing her. I was a little
afraid!

Before I left, my sister took me outside and made me
strip to my underwear. It was freezing! [1]

She gave me a small piece of soap and shouted, "Wash yourself boy! Be grateful for this opportunity!"

When I was dressed in my best clothes, Pumblechook and I climbed aboard his carriage.

"Now, boy, always be grateful to those who have brought you up by hand!" he said.

"God bless you Pip!" called Joe as we drove away.

Miss Havisham lived at Satis House. It was a huge red brick building, with turrets and towers, bars on its windows, and two enormous oak doors. Pumblechook rang the bell at the gate, and a young girl appeared.

"Are you Pip?" she asked.

"Yes," I replied nervously.

She unlocked the gate and said, "Hurry up, boy. Miss Havisham is waiting!"

☐ entertain 즐겁게 하다
☐ immensely 굉장히
☐ freezing 몹시 추운
☐ be grateful for …에 감사하다
☐ opportunity 기회
☐ be dressed in …을 입다
☐ climb aboard …에 올라타다

☐ carriage 탈것, 4륜마차
☐ turret 건물에 붙은 작은 탑
☐ bar 창살, 빗장
☐ enormous 거대한
☐ gate 대문
☐ nervously 초조하게
☐ unlock 자물쇠를 열다

1 **strip to one's underwear** 속옷만 남기고 벗다, 속옷 차림이 되다
My sister took me outside and made me strip to my underwear.
누나가 나를 밖으로 데리고 나가서 속옷만 남기고 옷을 벗게 했다.

Inside, the house was dark and dusty, so the young girl lit a candle. The giant cobwebs that hung from the high-vaulted ceilings, tall stone pillars and statues overawed and frightened me. As we climbed the large wooden staircase, huge paintings of former relatives stared sternly down at us. It was truly a very scary place!

When the young girl stopped outside a large carved wooden door, I remembered my manners and said, "After you Miss."

"Don't be ridiculous!" she cried. "I'm not going in."

Before I could say another word, she hurried away. Unfortunately, she took the candle with her, so I was left alone in the cold, dark corridor.

□ dusty 먼지투성이의, 회색 빛의
□ light 켜다 (light-lit-lit)
□ cobweb 거미줄
□ vaulted ceiling 아치 모양의 천장
□ pillar 기둥
□ statue 조각상
□ overawe 압도하다
□ frighten 겁주다
□ staircase 계단
□ former 이전의
□ relative 친척
□ stare down at …을 빤히 내려다보다
□ sternly 냉혹하게
□ carved 조각된
□ manners 예의범절
□ ridiculous 어리석은, 멍청한
□ hurry away 급히 가버리다
□ corridor 복도, 회랑
□ frail 연약한
□ rusty 녹슨
□ hinge 경첩
□ screech 삐걱삐걱 소리가 나다
□ grimy 때묻은
□ veil 베일, 면사포
□ filthy 더렵혀진
□ withered 바랜

Not knowing what else to do, I knocked on the door.

"Enter!" called a frail old voice from within.

The rusty hinges screeched loudly when I opened the door.

"Come nearer so I can look at you!" called a voice from the shadows.

I walked toward the voice and saw a strange, old lady. She was dressed in what appeared to be a white silk wedding dress. But, like her dirty white hair and grimy veil, her dress was now a filthy gray color. Everything in the room, including the lady, was old and withered.

"I'm Miss Havisham, who are you?" she asked.

"I'm Pip, ma'am," I said.

> ❓ Which is true about Miss Havisham?
> a. She is dressed like a bride.
> b. She speaks in a loud voice.
> c. She is related to Pip.

Mini-Less☀n

부정 분사구문: not + ...ing

종속절에서 접속사와 주어를 없애고 동사에 -ing를 붙여 분사구문을 만들어요. 동사와 함께 not이 쓰였을 때에는 「not ...ing」의 형태가 된답니다. Not knowing what else to do, I knocked on the door.(그밖에 무엇을 해야 할지 알지 못했기 때문에 나는 문을 노크했다.)에서 Not knowing은 부정 분사구문으로, As I didn't know를 줄인 거예요.

• Not wanting to be misunderstood, I kept silent.
  오해 받는 것을 원하지 않았기 때문에, 난 입을 다물고 있었다.

Then Miss Havisham said, "Look at me. You are not afraid of a woman who has never seen the sun since before you were born?"

"No," I lied.

She put her hands on the left side of her chest, and asked, "Do you know what I have here?"

"Yes, ma'am, it's your heart." I replied.

"Not just a heart, but a broken heart!" she said sadly. "Now, play, boy!"

"I would play if I had something or someone to play with," I said.

Miss Havisham told me to call Estella. I did and, after several minutes, Estella arrived.

"Now play cards," said Miss Havisham.

But the young girl looked me up and down and said in disgust, that I was nothing but a common laboring [1] boy. However, after some persuasion, Estella and I did play cards.

"Look at his rough hands and thick heavy boots!" she cried.

"You say nothing when she speaks harshly of you, Pip!" said Miss Havisham. "Tell me, what do you think of Estella?"

□ chest 가슴
□ in disgust 혐오스럽다는 듯이
□ common 평범한, 서민의, 비천한

□ laboring 노동에 종사하는
□ persuasion 설득
□ speak harshly of ···에 관해 모질게 말하다

1 **nothing but** 단지 ···에 불과한(= only)
But the young girl said that I was nothing but a common laboring
boy. 그러나 그 여자아이는 내가 막일하는 비천한 아이에 불과하다고 말했다.

"I think she is pretty, but rude," I whispered. "Now I want to go home!"

"Come back in six days time," said Miss Havisham, "Estella, take Pip downstairs and give him some food."

Estella left me waiting in a cold damp courtyard. I stared at my rough hands and big boots. I had never been ashamed of them before, but I was now!

After some time, she returned with a bowl of stew and a mug of water. Estella wouldn't look at me as she handed me the food, and I felt as if I were a dog [1] in disgrace. When she had gone, I covered my face with my hands and began to cry.

"Have you been crying, boy?" said Estella when she reappeared with the keys. Then she laughed at me, unlocked the gate and pushed me out into the road.

- □ rude 건방진
- □ courtyard 중정, 안마당
- □ stare at …을 응시하다
- □ be ashamed of …을 부끄러워하다
- □ a bowl of 한 사발의

- □ a mug of 한 잔의
- □ hand 건네주다
- □ in disgrace 수치스러운, 눈 밖에 난
- □ plate 접시
- □ property 재산

1 **as if + 동사의 과거** 마치 …인 것처럼
I felt as if I were a dog in disgrace. 난 마치 눈 밖에 난 개가 된 것 같은 기분이었다.

2 **get anywhere** 성공시키다, 해내다
You don't get anywhere in this life by being dishonest.
부정직해서는 이 세상에서 아무 것도 해낼 수 없어.

When I reached home, I knew nobody would believe
me if I told the truth about my visit. So I lied!

I tried to sound excited and said, "Miss Havisham sat
on a black velvet couch*, and a girl named Estella sat
beside her. And we all ate delicious cakes from gold
plates and drank tea from gold cups!" 등받이와 팔걸이가 있는 편안한 의자가
couch예요. 흔히 소파라고 부르죠.

My sister thought I might be given some property.

I hated lying to Joe, so that evening I told him the
truth, and said that I felt miserable because I was
common. Joe said, "You don't get anywhere in this [2]
life by being dishonest. So always work hard, and
don't tell lies, Pip!"

□ confide in …에게 비밀을 털어놓다
□ get on in life 출세하다
□ public house 선술집
□ stranger 낯선 사람
□ nod at …에게 고개를 끄덕이다
□ indicate 은연중에 나타내다
□ look 외모, 얼굴 표정
□ instead 대신에
□ escaped prisoner 탈옥수

□ out there 저편에, 어딘가에
□ to one's surprise …가 놀랍게도
□ wink at …에게 눈짓하다
□ pull (칼 등을) 뽑아들다
□ stir 휘젓다
□ faint 기절하다
□ fright 공포, 경악
□ forge 대장간
□ lucky escape 모면

The following day, I confided in my friend, Biddy. I told her I wanted to get on in life, and asked her to teach me everything that she knew. I was grateful when she agreed to help.

Later that same day, I met Joe at the Jolly Bargeman, a public house. He was sitting with Mr. Wopsle and a stranger. The stranger nodded at me and indicated that I should sit next to him. But I didn't like the look of him and sat next to Joe instead!

The stranger said, "So you're a blacksmith, Mr. Gargery. Do many people live on the marshes?"

"No, but sometimes escaped prisoners hide out there," said Joe.

Then, to my surprise the stranger winked at me, and said, "Mr. Gargery, what's his name?"

"Pip," answered Joe.

The stranger kept looking at me as if he wanted to say something. When the glasses of rum-and-water were brought, he pulled a large file from his pocket and stirred his rum! I almost fainted with fright! It was the same file that I had taken from Joe's forge! I looked around but nobody else had seen it!

"Whew," I thought. "Another lucky escape for me!"

When Joe and I were leaving, the stranger held up his hand and said, "Wait, here's a new shilling for the boy."

He wrapped it in some crumpled paper and handed it to me. I thanked him and hurried through the dark streets with Joe.

My sister was excited about the shilling. I gave her the small bundle to unwrap. However, there was another surprise waiting for us! The shilling was wrapped in two one-pound notes! Joe hurried back to the public house, but the stranger had gone! When he returned with the money, my sister hid it in an old teapot!

On my next visit to Miss Havisham's, Estella was waiting at the gate. We went down a dark passage lit only by the light of her candle. She stopped suddenly and turned to face me.

? How much money did Pip get?
- a. one shilling
- b. two pounds
- c. two pounds and one shilling

정답은 ⊃

- □ hold up 들어올리다
- □ shilling 실링(영국의 은화)(= 12펜스)
- □ crumpled 구겨진
- □ bundle 묶음, 다발
- □ unwrap 포장을 풀다
- □ note 지폐
- □ teapot 찻주전자
- □ passage 통로, 복도

- □ face 마주보다, 대면하다
- □ insulting 무례한
- □ slap one's face …의 뺨을 찰싹 때리다
- □ free hand (들지 않은) 빈 손
- □ snarl 호통치다, 으르렁거리다
- □ horrible 끔찍한, 지긋지긋한
- □ wretched 불쌍한, 질이 낮은
- □ rage 격분하다, 야단치다

"Am I pretty?" she asked.

"Yes you are," I replied.

"Am I insulting?"

"Not as much as you were last time!"

Without warning, she slapped my face with her free hand and snarled, "What do you think of me now, you horrible little monster?"

"I'm not telling you!" I said.

"Why don't you cry, you wretched boy," she raged.

"I'll never let you see me cry again!" I said.

Estella left me with Miss Havisham, and the old lady said, "Can you help me to that room opposite, Pip?"

I took her arm and we slowly walked across the hall to the opposite room. The room was long and dark, and must once have been beautiful. A large table appeared to be set for a feast. But on closer inspection, it was covered with spider webs, dust and mould.

Miss Havisham pointed to a dusty, cobweb covered lump in the middle of the table.

"That was my wedding cake!" she said sadly.

She sighed and said, "It was on this day, many years ago, that this table was set!"

Again, when it was time for me to leave, Estella appeared and led me down to the courtyard. After she had brought my food, I took a walk around the garden. Through one of the windows, at the back of the house, I saw a tall, pale boy staring back at me. Suddenly, he appeared in the garden.

"Who are you?" he demanded. "And who let you in here?"

"I'm Pip, and Miss Estella let me in," I replied.

He took off his coat and said, "Come on, fight me."

What else could I do? I charged at him and hit him in the chest with my head. He went down, but was soon on his feet again. Then I punched him in the face and he fell and hit his head on a rock! Gasping for breath, he said, "It looks like you've won." He seemed so brave and innocent that I felt no satisfaction in my victory.

"Sorry," I said and hurried to where Estella was waiting for me. She looked pleased to see me, and said "You may kiss me, if you like!"

But how could I, a common boy, kiss her?

My weekly visits with Miss Havisham lasted almost ten months. Each time I saw her she would ask, "Does Estella grow prettier, Pip?"

And each time I gave her the same answer, "Yes!"

Estella was still unpredictable! Sometimes she was nice to me, but most of the time she was horrid!

One day Miss Havisham said "You're getting taller, Pip. What's the name of that blacksmith you live with?"

"Joe Gargery, ma'am," I replied.

"Do you think he would come here?" she said.

"He would be honored, ma'am," I replied nervously.

☐ charge at …을 향해 덤벼들다
☐ on one's feet 일어선
☐ fall 넘어지다 (fall-fell-fallen)
☐ gasp for breath 숨을 헐떡이다
☐ innocent 순진한, 악의 없는
☐ satisfaction 만족감

☐ weekly 매주의
☐ last 지속되다
☐ grow (get) + 형용사의 비교급 점점 더 …해지다
☐ unpredictable 예측할 수 없는
☐ horrid 불친절한, 까다로운
☐ be honored 영광으로 여기다

Mini-Less﹕n

See p.147

hit (punch) + A (목적어) + in the + 신체 부분: A의 …을 치다

「동사 + 사람 (목적격) + in the 신체 부분」의 형태를 이용해서 '누군가의 신체 부분을 때리다' 라는 표현을 해요. '그의 머리를 치다' 는 strike him in the head라고 하면 된답니다.

• I charged at him and hit him in the chest with my head.
  나는 그에게 달려들어 머리로 가슴팍을 박아버렸다.

• I punched him in the face and he fell and hit his head on a rock!
  난 그의 얼굴을 때렸고, 그는 넘어져서 머리를 바위에 부딪쳤다.

The following day, Joe and I dressed in our best clothes and went to see Miss Havisham. I could feel that Joe was uncomfortable and nervous.

"Is it correct that Pip is to be your apprentice*?" asked Miss Havisham.

> apprentice는 스승 밑에서 평생 동안 배우며 기술을 닦는 견습생을 말해요.

"That's correct, ma'am," said Joe.

"Did you expect the boy to be paid while he was here?"

"No definitely not!" said Joe.

"Well, here is the money Pip earned for his time here," she said. She held out a small bag to me, saying "Give it to your master, Pip."

I took the money and gave it to Joe, and he said, "That's very kind of you, Pip."

"Am I to come again, Miss Havisham?" I asked.

"No, Joe Gargery is your master* now! Estella, let them out!" she called.

> apprentice의 스승, 즉 장인이나 달인을 master예요.

When I finally got to bed that night, I couldn't sleep. I didn't want to be a blacksmith. I wanted to be a gentleman. But how could I tell Joe? I dreaded the thought of being grimy and common for the rest of my life! [1]

□ uncomfortable 불안한
□ be to + 동사원형 …하기로 되어 있다(예정);
  …해야 한다(의무)
□ definitely 확실히, 분명히

□ earn (돈을) 벌다
□ hold out 내밀다
□ grimy 더러운, 때묻은
□ dread 두려워하다

1 **for the rest of one's life** 남은 여생 동안
I dreaded the thought of being grimy and common for the rest
of my life! 앞으로 평생을 더럽고 비천한 존재로 살 것을 생각하니 두려웠다!

Check-up Time!

● **WORDS**

퍼즐의 빈칸에 알맞은 철자를 써서 단어를 완성하세요.

Across

3. 열쇠로 열다
5. 기절하다

Down

1. 순진한, 결백한
2. 녹슨
4. 한숨 쉬다

(Crossword puzzle: 1 — i, 2 — r, 5 — i)

● **STRUCTURE**

빈칸에 알맞은 말을 써 넣어 분사구문을 완성하세요.

1 As I don't have enough money, I can't buy it.

= _____ _____ enough money, I can't buy it.

2 As I didn't know the word, I looked it up in the dictionary.

= _____ _____ the word, I looked it up in the dictionary.

본문의 내용과 일치하면 T, 일치하지 않으면 F에 표시하세요.

1 Miss Havisham was rich and very popular ☐T ☐F
  among the village people.

2 Estella was very hospitable towards Pip. ☐T ☐F

3 Pip felt miserable about himself because he ☐T ☐F
  was a common laboring boy.

4 Pip's sister thought that Miss Havisham might ☐T ☐F
  give him some property.

● SUMMARY

빈칸에 맞는 말을 골라 이야기를 완성하세요.

> Pip met beautiful Estella at Miss Havisham's house.
> She was rude and even (   ) to Pip, but he was
> attracted by her beauty. After visiting Miss Havisham's,
> Pip began to realize how (   ) his life had been. Even
> though he was to begin an apprenticeship to be a
> (   ), Pip began dreaming of becoming a (   ).

a. humble   b. insulting   c. blacksmith   d. gentleman

ANSWERS

CHAPTER 3

It's Awful To Be Common!

비천한 건 싫어!

Biddy was an orphan like me. I met her at the evening school that Mr. Wopsle's great-aunt ran for the children of the village. Biddy was very bright and often helped me with my studies.

Whatever I learned, I tried to pass on to Joe. I taught him how to read and write. My reason for helping Joe was selfish. I wanted him to be less ignorant and more acceptable to Estella.

One fine day, after our lesson, Joe and I went for a walk. We stopped for a rest on the cliffs overlooking the bay where the prison ships were anchored.

"Joe, should I visit Miss Havisham again?" I asked. "I never thanked her for helping me. I'd like to take a half-day off tomorrow, if that's okay." [1]

Joe thought for a moment before he agreed. My heart was beating fast at the thought of seeing Estella again.

A young woman named Sarah Pocket let me in to Satis House.

"Estella isn't here," she sniggered. "She's gone to Europe to become a fine lady! Do you miss her?"

I didn't answer, and spent the afternoon with Miss Havisham. As I hurried home that evening, my dislike for my common home and work grew stronger!

□ great-aunt 대고모
□ run 운영하다
□ bright 영리한
□ ignorant 무식한
□ acceptable 마음에 드는
□ cliff 절벽
□ overlook 내려다보다
□ bay 만
□ anchor 정박하다
□ beat (심장이) 뛰다
□ at the thought of …의 생각에
□ snigger (비웃듯이) 실실 웃다

1 **take a half-day off** 반나절 쉬다
I'd like to take a half-day off tomorrow, if that's okay.
괜찮다면 내일 반나절 쉬고 싶어요.

Suddenly, the guns from the prison ships sounded.
BOOM! BOOM!

More convicts must have escaped. I hurried to the
Jolly Bargeman, where I met Mr. Wopsle.

"Pip, someone has broken into your house, and
attacked your sister!" he cried. I ran home as fast as
my legs would go. My sister was lying unconscious
and motionless on the floor. She had been struck on
the head and spine with the heavy leg-iron that lay on
the floor beside her.

My poor sister stayed in bed for weeks. She could no longer see, hear, or speak and her memory had been affected. But she seemed calmer than usual.

Biddy came to live with us to look after my sister. It was then that I noticed how different she looked. She dressed more neatly and her hair was always brushed beautifully.

"Biddy is pretty, but not as beautiful as Estella, because she is common like me." I thought.

The following Sunday, Biddy and I went for a walk. When we came to the riverside and sat down on the bank, I was bursting to tell her my secret. So I blurted [1] out, "Biddy, I want to be a gentleman! I hate my work and my life. I'll never be happy as a common blacksmith!"

- □ must have p.p. …했음에 틀림없다
- □ break into …에 침입하다
- □ attack 공격하다
- □ unconscious 의식이 없는
- □ motionless 움직이지 않는
- □ strike 타격을 가하다
  (strike-struck-struck)
- □ spine 척추
- □ affect …에 영향을 미치다
- □ calm 침착한, 냉정한
- □ look after 돌보다
- □ neatly 단정하게
- □ bank 강둑
- □ blurt out 무심코 입밖에 내다

---

1 **be bursting to + 동사원형** …하고 싶어 안달이 나다, 너무나 …하고 싶다
I was bursting to tell her my secret.
그녀에게 내 비밀을 너무나 말하고 싶었다.

"That's a pity," she said, quietly. "But only you know best, Pip."

"If I stay here I'll probably marry you," I said. "I'd be good enough for you, wouldn't I?"

"Yes, I'm not fussy," she said softly.

"I hate being common!" I cried. "I will become a gentleman for Estella!"

"To spite her or to win her heart?" asked Biddy.

I said nothing because I didn't know the answer!

Then Biddy said sweetly, "I'm glad you told me, Pip."

I put my arm around her and said, "I'll always tell you everything!"

The air was cooler as we walked home. I needed to get Estella out of my head.

"Life would be so much easier if I could fall in love ☀ with you, Biddy." I said sadly. "You don't mind me [1] saying that, do you?"

"Not at all." she replied.

Mini-Less☀n

가정법 과거: 주어 + would + 동사원형, if + 주어 + 과거동사
'만약에 …한다면, ~할 텐데'라며 현재사실과 반대되는 가정을 할 때는 가정법 과거를 써요. 과거동사를 쓰지만 실제 내용은 현재랍니다.

• Life would be so much easier if I could fall in love with you, Biddy.
  비디, 너와 사랑에 빠진다면 삶이 훨씬 쉬워질 거야.

□ pity 안된 일, 유감스러운 일
□ fussy 까다로운
□ spite 괴롭히다, 애태우다

□ win one's heart …의 사랑을 얻다
□ get ... out of one's head
　　…을 머리에서 지워버리다

1 mind ...ing …하는 것을 꺼리다
You don't mind me saying that, do you?
내가 그렇게 말하는 게 기분 나쁘지 않겠지?

I had been Joe's apprentice for four years when a well-dressed stranger appeared at the Jolly Bargeman. He came to our table, and asked, "Are you Joe Gargery, the blacksmith?"

"Yes I am," said Joe.

"Is this your apprentice, Pip?" he asked.

"It is," Joe replied.

"I must talk to you both, privately," he said quietly.

It was all very mysterious, so we left the inn* and hurried home. When we got there, the stranger introduced himself.

inn은 '작은 여관'으로 많이 쓰이지만 영국에서는 밤새도록 머물 수 있는 시골의 작은 술집을 가려켜요.

"My name is Jaggers, and I'm a lawyer from London. I have come to see you both on behalf of a client."

- □ well-dressed 잘 차려입은
- □ mysterious 비밀스러운, 알 수 없는
- □ inn 술집, 여인숙
- □ on behalf of …을 대신해서
- □ client 의뢰인
- □ stunned 어리벙벙한, 아연실색한
- □ apprenticeship 도제살이, 도제 신분

- □ generously 후하게
- □ reward 보상하다
- □ get on in life 출세하다
- □ inform 알리다
- □ expectations (상속이 예상되는) 유산
- □ in time 조만간
- □ arrange 주선하다, 마련하다

---

1 **object to …ing** …하는 것에 반대하다
Mr. Gargery, would you object to cancelling Pip's apprenticeship?
가거리 씨, 핍의 도제살이를 취소하는 데 이의가 있습니까?

2 **stop + A(목적어) + (from) + …ing** A가 …하는 것을 막다
I'd never stop Pip getting on in life.
핍이 출세하는 것을 절대 막지 않을 것이오.

Joe and I stood there in stunned silence.

"Mr. Gargery, would you object to cancelling Pip's [1] apprenticeship?" said Jaggers, "Of course you will be generously rewarded."

"I'd never stop Pip getting on in life," said Joe. [2]

"That's good to hear," said Jaggers. "I must inform you that my client has 'great expectations' for Pip. In time, Pip will be a wealthy gentleman!"

I couldn't believe my ears! I was to become a gentleman! Only Miss Havisham could have arranged it!

"There are rules to obey!" said Jaggers. "Firstly, you will always use the name, Pip. Do you object?"

"N-n-no," I stuttered. My heart was beating so fast I could hardly speak!

"Good," he said. "Secondly, the name of your benefactor must remain a secret, until he decides to reveal it. Do you agree?"

"Y-y-yes!" I stammered.

"I will be your guardian, and make sure you are [1] properly educated."

"I've always dreamed of being a gentleman!" I gasped.

"You will be educated by a tutor, Matthew Pocket," continued Jaggers. "Come to London in one week's time. Go to his house and you can meet his son first."

□ stutter 말을 더듬다
□ beat (심장이) 뛰다
□ benefactor 은혜 베푼 사람, 후원자
□ remain a secret 비밀로 남다
□ reveal 밝히다, 누설하다
□ stammer 말을 더듬다
□ guardian 후견인, 보호자
□ properly 제대로
□ educate 교육시키다
□ dream of ...ing …하는 것을 꿈꾸다

□ gasp (놀라서) 숨을 못 쉬다
□ instruct 지시하다
□ pay A for B A에게 B의 대가를 지불하다
□ release 풀어주다, 놓아주다
□ comfort 위로하다
□ push away 밀어제치다
□ lunge at …에게 돌진하다
□ harass 괴롭히다
□ pull away (몸을) 떼어내다
□ grab 움켜쥐다, 잡아채다

He took twenty pounds from his pocket and threw it on the table.

"Use it to buy new clothes for London," he said.

Then he turned to Joe and said, "Now, Mr. Gargery, I have been instructed to pay you for releasing Pip."

"Pip is free to follow his fortune!" said Joe.

But his voice broke as he spoke, and when I tried to comfort him, he pushed me away.

"Mr. Gargery, this is your last chance!" said Jaggers.

Without warning, Joe lunged at Jaggers and cried, "Stop harassing me!"

I pulled Joe away, and Jaggers grabbed his coat and hat. "If you want to be a gentleman, Pip," he said, "the sooner you leave here the better!" [2]

Then he left, leaving us alone.

 Which is true?
a. Joe doesn't want Pip to be a gentleman.
b. Joe is willing to release Pip.
c. Jaggers refuses to pay Joe for releasing Pip.

---

1 **make sure + 절** …을 분명하게 하다
I will be your guardian, and make sure you are properly educated.
내가 자네 보호자가 돼서 제대로 교육을 받을 수 있도록 확실하게 할 것이오.

2 **the + 비교급, the + 비교급** …하면 할수록 더 ~하다
The sooner you leave here the better! 빨리 이곳을 떠날수록 더 좋소!

"Will you tell Biddy I'm leaving, Joe?" I asked.

"No, it would be better if you told her," he said sadly.

Later, when Biddy came downstairs, Joe and I told her the news of my good fortune.

"Oh, congratulations, Pip," she said. "Who is your benefactor?"

"That's a secret," said Joe. "But Mr. Jaggers did say that Pip has 'great expectations!'"

That night, I felt very sad and lonely. Nothing seemed the same as it had been before I had dreamed of becoming a gentleman!

- □ good fortune 행운
- □ go for a walk 산책하다
- □ stretch out 팔다리를 뻗다
- □ fall asleep 잠이 들다
- □ shake A(목적어) awake A를 흔들어 깨우다 (shake-shook-shaken)
- □ dull 우둔한

- □ trade 장사, (목수 등의) 기술직
- □ wander 걸어다니다, 헤매다
- □ hang out the washing 빨래를 밖에 널다
- □ better oneself (지위 등이) 나아지다
- □ learning 학식
- □ improvement 향상, 개선

Mini-Lesson

,(콤마) + ...ing = and + 주어 + 동사

「,(콤마) + ...ing」는 분사구문의 하나로 동작이 연속적으로 이루어질 때 쓰이며, 대개 and로 연결할 수 있어요.

- I asked her to help Joe better himself while I was gone, adding (= and I added) that his learning and manners needed improvement. 나는 내가 없는 동안 매형이 더 나아질 수 있도록 도와달라고 그녀에게 부탁하고는 그의 학식과 예절은 개선이 필요하다고 덧붙였다.

The next morning, I went for a walk to the graveyard. I stretched out on the soft grass and soon fell asleep. Some time later Joe shook me awake.

"I won't be seeing much of you from now on," he said.

"It's a pity that you didn't study more, Joe," I said. "With some education, you could be a gentleman too."

"I'm dull, Pip," he said quietly. "All I know is my trade."

I wandered back to the house and found Biddy hanging out the washing. I asked her to help Joe better himself while I was gone, adding that his learning and manners needed improvement.

She placed her hands on her hips and glowered at me.

"Do you think his manners are poor?" she cried.

"Good enough here, but not if he's going to mix with wealthy people!" I declared.

"Perhaps he won't want to mix with them," she said angrily.

"I'm sorry that you feel that way, Biddy," I said.

Without another word she picked up the empty laundry basket and stormed back into the house. [1]

Early the following day I went into town to buy my new clothes, and to visit Uncle Pumblechook. He handed me a small glass of sherry and we drank a toast to my new life.

Then he said, "To your dear sister who brought you up by hand!"

건배하면서 '…을 위하여!'라고 외칠 때 to를 써요.

"Yes, I am grateful to her," I said.

I left my sister's house at five o'clock the next morning. I felt sad to be leaving, but I couldn't stay, when a new and exciting world lay before me. [2]

□ glower at …을 노려보다
□ mix with …와 어울리다(교제하다)
□ declare 단언하다
□ pick up 집어들다

□ laundry basket 빨래바구니
□ hand 건네주다
□ drink a toast to …을 위해 건배하다
□ dear 소중한, 친애하는

1 **storm into** …로 황급히 들어가다
She picked up the empty laundry basket and stormed back into the house.
그녀는 빨래바구니를 집어들고 황급히 집안으로 들어가 버렸다.

2 **lie before** (인생·미래 등이) …앞에 펼쳐져 있다 (lie-lay-lain)
I couldn't stay, when a new and exciting world lay before me.
새롭고 흥미로운 세계가 내 앞에 펼쳐져 있는데 그대로 머물 수는 없었다.

🎩 Check-up Time!

● WORDS

단어와 단어의 뜻을 서로 연결하세요.

1 acceptable •

• a. to tell someone about particular facts

2 client •

• b. someone who receives service

3 inform •

• c. to give freedom to someone

4 release •

• d. in the state of not being awake

5 unconscious •

• e. satisfactory or agreeable

● STRUCTURE

알맞은 것을 골라 문장을 완성하세요.

1 I'll have to take a day (off / of) to see a doctor.

2 What's the bruise on your face? You (must fight / must have fought) with someone.

3 I (am / would be) happy if I could be with you now.

4 Do you mind me (to use / using) your calculator?

5 I object to (move / moving) to another city.

5. moving
Structure | 1. off 2. must have fought 3. would be 4. using
Words | 1. e 2. b 3. a 4. c 5. d

다음의 말을 할 수 있는 사람은 누구일까요?

a.
Mr. Jaggers

b.
Pip

c.
Biddy

1 "Joe's learning and manners need improvement." _____

2 "You'll be generously rewarded for cancelling Pip's
apprenticeship." _____

3 "Joe won't want to mix with wealthy people!" _____

● SUMMARY

빈칸에 맞는 말을 골라 이야기를 완성하세요.

After Estella went to Europe, Pip's (   ) for common
work grew stronger. When someone attacked and
badly (   ) Pip's sister, Biddy came to take care of
her. While continuing his apprenticeship, Pip heard
some surprising news. A mysterious (   ) had offered
to provide him with some money and an education. So
Pip left for London to become a (   ).

a. hurt   b. benefactor   c. gentleman   d. dislike

ANSWERS

Summary | d, a, b, c
Comprehension | 1. b 2. a 3. c

My New Life in London

런던에서의 새로운 삶

It took five hours to reach London by coach. I had an appointment to meet Mr. Jaggers at his office, so I was surprised when he wasn't there to greet me!

"You can wait in his room, he shouldn't be too long," said Wemmick, Mr. Jaggers' clerk.

But I couldn't bear to wait in Mr. Jaggers' dark and gloomy room, so I went for a walk. The dirty streets, and the dreary and miserable shops disgusted me.

So I returned to Mr. Jaggers' office, and was pleased to see that he was waiting for me. He handed me a large number of banknotes, and said. "This money is for your day-to-day expenses. Don't overspend, or you could be in big trouble!"

I thanked him, and stuffed the money into my pockets. Then Mr. Jaggers said, "Wemmick will take you to Barnard's Inn to meet young Mr. Pocket. Now be off with you!" [1]

On the way to the inn, Wemmick warned me, "Beware, Pip, you can be cheated, robbed or even murdered in London!"

- coach 4륜마차
- have an appointment 약속이 있다
- clerk 서기, 사무관
- bear 참다
- gloomy 어두운, 음침한
- dreary 황량한
- miserable 보잘것없는, 비참한
- disgust 역겹게 하다

- a large number of 많은 수의
- banknote 지폐, 은행권
- day-to-day expense 일일 경비
- overspend 분수에 넘게 돈을 쓰다
- stuff 밀어넣다, 쑤셔넣다
- beware 경계하다, 조심하다
- cheat 속이다
- rob 강탈하다

---

1 **be off with** …와 떨어지다 [헤어지다]
Now be off with you! 자, 그만 가시죠!

I was disappointed, when Wemmick stopped outside a large and shabby old building. I thought Barnard's Inn would be much smarter.

"Remember, I look after the money," he said. "So I'll probably see a lot of you! Now I bid you goodbye." [1]

We shook hands and when he was gone, I pushed open the staircase window. But straight away it fell back down like a guillotine*! Thank goodness I hadn't had time to put my head out!

guillotine(기요틴)은 프랑스 혁명 당시 사용하던 사형 도구로 위에서 칼이 툭 떨어지며 누워 있는 사람의 목을 자르게 되어 있어요.

About half an hour later, young Mr. Pocket arrived.

"I've seen you before, haven't I?" he asked in surprise.

"Ah yes," I said. "In Miss Havisham's garden! You are the pale young gentleman!"

"Yes, of course!" he said. We both burst out laughing. [2]

Then he said, "I thought Miss Havisham would give me money, or Estella! But she has taught Estella to make men miserable, so why would I want her?"

"Are they related?" I said.

"No, Estella is adopted!" he replied.

"So why does Miss Havisham dislike men so much?"

"You mean you haven't heard?" he asked.

I shook my head and waited to hear the story.

□ shabby 초라한, 허름한
□ smart 세련된, 고급스러운
□ look after 관리하다, 돌보다
□ shake hands 악수하다
□ push open 밀어서 열다
□ straight away 곧장, 바로
□ fall back down 다시 떨어지다

□ guillotine 단두대, 기요틴
□ Thank goodness 고마워라, 정말 고맙게도
□ put out 내밀다
□ in surprise 놀라서
□ related 친척인
□ adopt 입양하다

1 **bid A (목적어) goodbye** A에게 작별을 고하다
Now I bid you goodbye. 자, 안녕히 가십시오.

2 **burst out laughing** 웃음을 터트리다
We both burst out laughing. 우리 둘은 웃음을 터트렸다.

"Mr. Jaggers is Miss Havisham's lawyer," he said. "I'm pleased that he chose my father to be your teacher. My father is Miss Havisham's cousin, but they haven't spoken in years!"

There was a brief silence, then he said, "My name's Herbert, by the way."

"My name's Philip, but most people call me Pip," I said.

"Tell me more about Miss Havisham, Herbert?" I said.

"She was an only child. Her mother died when she was young and her rich father spoilt her," said Herbert. "In time her father remarried, but his new wife already had a son, a very bad son! That son had plenty of money, but he always wanted more, even Miss Havisham's!"

- □ in years 수년 간
- □ brief 짧은
- □ by the way 그런데
- □ only child 외동딸, 외아들
- □ spoil 버릇없게 만들다(spoil-spoilt-spoilt)
- □ in time 얼마 안 있어
- □ remarry 재혼하다

- □ intently 주의 깊게
- □ unravel (얽힌 것을) 풀다, 해명하다
- □ bring up 키우다, 가르치다
- □ fiancé 약혼자
- □ bridegroom 신랑
- □ put on (옷을) 입다
- □ break off 관계를 끊다

---

1 **would not + 동사원형** …하지 않으려고 했다 (과거의 고집)

My father warned her, but she wouldn't listen!
아버지가 그녀에게 경고를 했지만 듣지 않으려고 했어!

I listened intently to the sad unraveling story.

"Twenty-five years ago, Miss Havisham fell in love
with a man who was well brought up but not a
gentleman," he continued. "She gave her fiancé a lot of
money. My father warned her, but she wouldn't listen! [1]
Her wedding day arrived, but the bridegroom did not!
Just after she put on her wedding gown, she received his
letter breaking off the marriage."

We sat in silence for a few minutes, then he said,
"Since then, she has never stepped outside her house,
and it has fallen into ruins."

"That's terrible!" I said.

"Yes, but the story gets worse," said Herbert. "Her
fiancé worked for her stepbrother! They shared all the
money that she had given him."

"I wonder why he didn't marry her and get all the
property," I said.

"He may have been married already," said Herbert.

The following Monday, Herbert took me to meet his
father. Mr. Matthew Pocket greeted us and introduced
me to his wife and children. We went into the house
where he introduced me to two other young men he
was teaching, Drummle and Startop.

I liked Startop immediately, but Drummle, an
old-looking young man whose father was a baron,
seemed arrogant and stupid.

    After dinner, Mr. Matthew Pocket and I took a walk in the garden.

    "I think it's time to discuss your education, Pip," he said. "There is no need to train in any one profession. You are to be well enough educated so that you could be a gentleman, and mix in high society."

□ step outside ⋯ 밖으로 나가다
□ fall into ruins 폐허가 되다
□ get worse 악화되다
□ stepbrother 이복형제
□ share 공유하다, 나누어 갖다
□ property 재산

□ may have p.p. ⋯했을지도 모른다
□ immediately 즉시
□ baron 남작
□ arrogant 건방진
□ profession 전문 직업
□ so that + 절 ⋯하기 위해서

I decided to live at Barnard's Inn with Herbert. Herbert's companionship would improve my manners. With the help of Mr. Pocket and Herbert, I progressed quickly. Herbert was employed in an accounting company. His ambition was to own ships and trade in imported goods in the future. We discussed our plans to go into international trade.

"You need to look for opportunities to make money," said Herbert. "Then when you have made enough, you can invest it!"

One day, I visited Mr. Jaggers' office to get some money.

Wemmick greeted me and said quietly, "Have you dined with Mr. Jaggers yet?"

"No, not yet."

"I think Mr. Jaggers will invite you and your friends to dinner tomorrow. But watch out for his housekeeper, Mr. Pip. She was once wild, but Mr. Jaggers has tamed her!"

Wemmick was right! My friends and I were invited to dine with Mr. Jaggers. As we took our seats at the table, the housekeeper carried in the first dish. She was a tall woman of about forty with long, untidy hair. I watched her carefully. She seemed to be afraid of Jaggers. But, strangely enough, she seemed so familiar to me.

- □ companionship 교제
- □ progress 나아지다, 진전되다
- □ employ 고용하다
- □ accounting company 회계 회사
- □ ambition 야망
- □ own 소유하다
- □ trade in ⋯을 거래하다
- □ imported goods 수입제품
- □ go into ⋯에 종사하다
- □ opportunity 기회
- □ make money 돈을 벌다

- □ invest 투자하다
- □ dine 식사하다
- □ watch out for ⋯을 주시하다
- □ housekeeper 가정부
- □ once 한때 ⋯인
- □ tame 길들이다
- □ carry in 들고 들어오다
- □ dish 요리, 음식
- □ untidy 헝클어진, 흐트러진
- □ strangely enough 이상하게도
- □ familiar 낯익은

After dinner, when the housekeeper was clearing the table, Mr. Jaggers suddenly grabbed her hand and said. "These people are talking of strength, Molly, let them see your wrists."

She reluctantly put her wrists on the table. One wrist was deeply scarred.

Mr. Jaggers said, "Few men have wrists as powerful as ☀ this woman!"

At half past nine we left to return to our lodgings.

□ clear the table 상을 치우다
□ grab 움켜쥐다
□ strength 힘
□ wrist 손목
□ reluctantly 마지못해
□ deeply scarred 깊이 상처가 난
□ lodgings 하숙집
□ no better than …와 마찬가지인
□ affectionate (편지에서) 친애하는

□ look forward to …을 애타게 기다리다
□ no longer 더 이상 …하지 않다
□ have ... in common …을 공통으로 가지다
□ stay away 떨어져 있다
□ as always 여느 때처럼
□ on time 시간에 맞추어
□ comfortable 편안한
□ fireside 난롯가

Mini-Less☀n

See p.148

Few+as...as A : A만큼 …한 것은 거의 없다, A가 가장 …하다

「as+형용사+as A(A만큼 …하다)」와 few를 함께 쓰면 'A만큼 …한 것은 거의 없다' 라는 의미가 돼요. 'A가 가장 …하다' 라는 뜻의 최상급 표현이랍니다.

• Few men have wrists as powerful as this woman!
  이 여자만큼 손목의 힘이 센 남자가 거의 없을 거요!
• Few girls are as pretty as my sister. 내 동생만큼 예쁜 여자아이는 드물어.

Some months later, I received the following letter from Biddy.

My Dear Mr. Pip
On Tuesday, Mr. Gargery is going to London to see you. He will be at Barnard's Inn at nine o'clock that morning. Your poor sister is no better than she was when you left. But we do talk of you often.
Your affectionate servant,
Biddy

I wasn't looking forward to Joe's visit. I no longer had anything in common with him! In fact, I would have happily paid him to stay away!

As always, Joe was on time. At exactly nine o'clock, he knocked on my door.

"I am glad to see you Joe," I said.

"You've grown, Pip," he said.

"How are you Joe?" I asked. "You look wonderfully well."

We made ourselves comfortable by the fireside, and talked briefly about home, my sister and my work.

Then Joe said, "I won't stay long, sir. I have a message for you from Miss Havisham that you might be interested in."

"Please don't call me sir, Joe," I said.

But he ignored me and carried on talking.

"Miss Havisham said to tell you that Estella has come home and would like to see you. Now I must go, I wish you well, sir. I hope you prosper here in London."

"Why are you leaving so soon, Joe?"

"God bless you, Mr. Pip," he said. "But I know my place! We should never meet again! You're a gentleman now, and I don't fit into your world anymore!" [1]

And with that he departed! I was left standing alone and dumbfounded!

The following day, I boarded a coach to take me back to my village. I was surprised to see that two convicts were traveling on the same coach! Suddenly, I gasped with horror! I recognized one as the man with the file at the Jolly Bargeman!

I covered my head and gradually, the movement of the coach rocked me to sleep again.

 Why was Pip horrified?
a. The coach was running very fast.
b. A convict threatened him.
c. He ran into a convict he knew.

□ be interested in ···에 관심이 있다
□ ignore 무시하다
□ carry on ...ing 계속해서 ···하다
□ prosper 성공하다, 번창하다
□ place 지위, 신분
□ depart 떠나다, 출발하다
□ dumbfounded (놀라서) 말문이 막힌

□ board (탈 것에) 타다
□ gasp with horror 공포로 숨을 쉬지 못하다
□ recognize 알아보다
□ cover 가리다, 감추다
□ gradually 점차
□ rock 살살 흔들다, 진정시키다

1 **fit into** ···와 어울리다
You're a gentleman now, and I don't fit into your world anymore!
너는 이제 신사가 되었고, 나는 너의 세계에는 더이상 어울리지 않아!

□ note 지폐
□ pretend to + 동사원형 …인 척하다
□ closely 주의 깊게
□ be in for life 종신형에 처하다
□ feed 먹이다 (feed-fed-fed)

□ come to a stop 멈추다
□ get off (차 등에서) 내리다
□ breathe a sigh of relief 안도의 숨을
내쉬다
□ at least 적어도

1 **awake to + 동사원형** 깨어보니 …하다 (to부정사의 결과 용법)

Later I awoke to hear one of the convicts say, "two one pound notes." 난 잠에서 깨어 죄수 중 하나가 '1파운드 지폐 두 장'이라고 말하는 소리를 들었다.

2 **What ... for?** 무엇 때문에?, 왜?

What did you do that for? 왜 그렇게 했소?

Later I awoke to hear one of the convicts say, "two one [1] pound notes." I pretended to be asleep, but listened closely to their conversation.

"He's in for life and knew I was getting out," continued the convict. "So he asked me to find the boy who had fed him, and give him two one pound notes."

The second convict said. "What did you do that for? I [2] would have spent it on food and drink. He would never ☀ know!"

I didn't want to hear anymore, so I was pleased when the coach came to a stop, and I was able to get off. I breathed a sigh of relief, "I don't think he recognized me! At least I hope not!"

> 'I hope not'은 '…하지 않기를 희망한다'는 뜻으로
> 'I hope he didn't recognize me.'를 줄인 거예요.
> 'I don't hope(희망하지 않는다)'와는 다르답니다.

Mini-Less☀n

would have p.p. : (나라면) …했을 텐데 (가정법 과거완료)

사실은 그렇지 않은데 반대로 가정해서 '~했다면 … 했을 텐데' 라고 표현할 때 가정법 과거완료를 써요. 「if + 주어 + had p.p. …, 주어 + would have p.p.」의 형태로요. 그런데 if절을 생략하고, 「주어 + would have p.p.」만 쓸 수도 있어요. '(나라면) … 했을 텐데' 라는 뜻이 랍니다.

• I would have spent it on food and drink. 나 같으면 그걸 먹고 마시는 데 썼을 거야.
• I would not have said so. 나라면 그렇게 말하지 않았을 텐데.

Check-up Time!

● **WORDS**

빈칸에 공통으로 들어갈 단어로 퍼즐을 완성하세요.

1 Here is a ten-pound _____.
He left me a _____ to
thank me for my help.

2 The park is a good _____ to rest in.
I'm a blacksmith. I know my _____.

3 Too much love can _____ your child.
Hot weather can _____ food.

```
        1       2
       ┌──┐    ┌──┐
       │  │    │  │
  3 ┌──┼──┼──┐ │  │
    │  │  │O │ │ I│
    └──┼──┼──┘ └──┘
       │  │    ┌──┐
       └──┘    │  │
       ┌──┐    └──┘
       │  │    ┌──┐
       └──┘    │  │
               └──┘
```

● **STRUCTURE**

알맞은 것을 골라 문장을 완성하세요.

1 How scary it was! (Many / Few) movies are as horrible
as this one.

2 I (would have forgiven / would not have forgiven) such
a rude boy like him.

3 The little girl was really stubborn. She (wouldn't /
shouldn't) listen to me.

본문의 내용과 일치하면 T, 일치하지 않으면 F에 표시하세요.

1 Pip was very pleased to see the busy streets and tall buildings in London. T F

2 Miss Havisham's fiancé didn't appear at their wedding ceremony. T F

3 Pip thought the housekeeper at Jaggers' house looked very familiar. T F

● SUMMARY

빈칸에 맞는 말을 골라 이야기를 완성하세요.

Pip was ( ) at the dirty atmosphere of London. But with the help of Herbert, a good-natured young man, and his father, Mr. Pocket, Pip started his new life. Herbert told Pip Miss Havisham's sad story of love and ( ). By the time Pip was accustomed to his new life, he had a ( ) from Joe. But Joe was conscious of Pip's ( ) as a gentleman, so it was an awkward meeting.

a. visit   b. disappointed   c. status   d. betrayal

CHAPTER 5

Love Her!

그녀를 사랑해라!

I felt guilty about Joe's visit. I had not treated him
with the respect he deserved. I knew I should visit him
to make up for my bad behavior. But I also knew that [1]
Joe would ask me to stay with him, even though he
would be worried that his old house wasn't good
enough for me anymore. So I decided to stay at the
Blue Boar Inn in the village instead.

I tried to sleep, but I tossed and turned all night
thinking of the plans Miss Havisham must have for me.

The next morning, I arrived at Miss Havisham's. I rang the bell at the gate, but it was opened by a servant, not Estella.

I went into the house, up the dark staircase to Miss Havisham's room, and knocked on her door.

From within, a frail voice called, "Come in Pip!"

Although a lamp sat on the table beside her, the room was still gloomy. When my eyes had adjusted to the dim light, I noticed an elegant young lady sitting next to Miss Havisham. Her hands were in her lap,* her eyes were downcast, and she didn't look up when I entered the room.

앉았을 때 허리에서 무릎까지가 lap이에요.
그냥 무릎 관절 부분은 knee랍니다.

I took the old lady's delicate hand and kissed it, but all the time I was wondering, "Who is that mysterious young woman?"

□ feel guilty 죄의식을 느끼다
□ deserve 받을 만하다
□ behavior 행동
□ instead 대신에
□ toss and turn 잠을 못 자고 뒤척이다
□ staircase 계단
□ frail 연약한

□ gloomy 어두운, 음침한
□ adjust to …에 적응하다
□ dim 희미한, 어슴푸레한
□ elegant 우아한
□ lap 무릎
□ downcast 눈을 내리뜬
□ delicate 섬세한, 우아한

1 **make up for** …을 보상하다 (만회하다)
I knew I should visit him to make up for my bad behavior.
나의 잘못된 행동을 보상하기 위해 매형을 방문해야 한다는 걸 알고 있었다.

Miss Havisham soon interrupted my thoughts.

"So you kiss my hand as if I were a queen," she said.

"You asked me to come as soon as possible, so I came straight away," I said.

Just then the young woman lifted her eyes and looked at me. It was Estella! "It's ... it's a p ... pleasure to s ... see you again," I stuttered. She was much more beautiful and womanly than I remembered.

"Has she changed much, Pip?" asked Miss Havisham.

"I didn't recognize her, and now I feel just like a common boy again," I said.

"The old Estella was rude and insulting," said the old lady.

"I was very unkind then," said Estella. "Let us take a walk in the garden, Pip."

As we walked, I trembled with excitement, but she showed no emotion toward me. Eventually, we came to the courtyard where she had fed me.

□ interrupt 방해하다, 끼어들다
□ as if 마치 …인 것처럼
□ straight away 곧장, 즉시
□ lift one's eyes 올려다보다
□ stutter (말을) 더듬다
□ womanly 여성스러운
□ insulting 모욕적인, 무례한
□ tremble 떨다

□ eventually 결국
□ stab 찌르다
□ shoot 쏘다 (shoot-shot-shot)
□ sympathy 동정, 공감
□ sentiment 감정, 정감
□ lack 부족, 결핍
□ remind A of B A에게 B를 상기시키다

"Do you remember how you made me cry?" I said.

She shook her head and said, "You must know that I have no heart. Of course I have a beating heart that can be stabbed or shot, but I have no heart to feel love, sympathy, or sentiment."

The lack of emotion in her voice made me want to cry again inside. When I looked at her face, I saw something about her that seemed familiar. She reminded me of someone else, but who?

We returned to the house and Estella left me alone with Miss Havisham.

"So, what do you think of Estella, Pip?" said the old lady as I pushed her wheelchair around the room. "I can see that you admire her beauty."

"I should think everyone admires her beauty," I replied.

Then Miss Havisham became agitated, and grabbed me by my coat.

"Love her!" she cried. "If she only likes you, love her! If she hurts you, love her! I raised her to be loved, Pip!"

Miss Havisham had collapsed back into her chair, when Mr. Jaggers arrived.

□ admire 감탄하다, 찬양하다
□ agitated 흥분한, 동요한
□ grab 움켜잡다
□ raise 키우다
□ collapse 맥없이 주저앉다
□ be about to + 동사원형 막 …하려던 참이다

□ get A out of one's head A를 생각하지 않게 되다
□ greet 맞이하다
□ pillow 베개
□ waken 깨우다
□ destined 운명 지어진
□ once 한때 …인

Mini-Less··n

to + 동사원형: …하기만 해도 얼마나 좋을까, …하다니 (감탄문)

동사원형에 간단히 to를 붙여서 감탄문을 만들 수 있어요. '…하기만 해도 얼마나 좋을까!,' '…하다니!'라는 뜻이랍니다.

• To think that Estella was destined for me, who was once a blacksmith's boy!
  에스텔라가 대장장이 소년에 불과했던 나에게 운명 지어진다는 걸 생각만 해도 얼마나 좋은가!

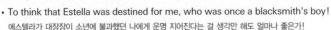

"Go now!" she said softly. "Dinner is about to be served."

Mr. Jaggers and I walked down the large staircase to the dining room. After dinner the four of us played cards, and it was decided that Estella should visit London. I was expected to greet her when she arrived.

I returned to the Blue Boar Inn later that evening, but although I was tired, I couldn't sleep. I couldn't get Miss Havisham's words out of my head.

"Love her, love her, love her!"

I said into my pillows, "I love her, I love her!" hundreds of times. But how could I waken her sleeping heart? To think that Estella was destined for me, who was once a blacksmith's boy!

Mr. Jaggers and I returned to London on the midday coach. I couldn't wait to tell Herbert of my encounter with Estella.

"I'm in love with Estella!" I said. "I simply adore her! If I adored her before, I doubly adore her now!"

Herbert surprised me when he said, "I know! Lucky for you that Miss Havisham is getting you two together!" [1]

"Now, Pip," he said excitedly, "I have some news for you too. I am secretly engaged to Clara. [2] My mother says Clara is from a lower class and is not suitable, but I don't care! I love her! We will marry as soon as I have enough money!"

Later that week I received a letter. It read:

Dear Pip

I am coming to London the day after tomorrow. Miss Havisham tells me that you will meet me there. She sends her regards.

Yours, Estella.

When the day came, I rushed down to the coach office, several hours before she was due to arrive. While I was there, Mr. Wemmick walked by.

"Hello, Pip," he said. "I'm off to Newgate Prison, do you want to come?"

As I had nothing better to do, I accompanied him.

□ midday 한낮의, 정오의
□ encounter 마주침, 만남
□ adore 흠모하다, 숭배하다
□ doubly 두 곱으로, 두 배만큼
□ secretly 몰래, 은밀하게
□ lower class 하류 계층

□ suitable 적당한, 어울리는
□ care 상관하다, 아랑곳하다
□ send one's regards 안부 전하다
□ rush down to …로 서둘러 가다
□ be due to + 동사원형 …할 예정이다
□ accompany 동반하다, 따르다

---

1 **get A (목적어) together** A를 한데 모으다
Lucky for you that Miss Havisham is getting you two together!
해비샴 부인이 너희 둘을 결합시켜 주니 너한테는 정말 잘된 일이야!

2 **be engaged to** …와 약혼하다
I am secretly engaged to Clara. 난 클라라와 몰래 약혼했어.

I had never been in a prison before, so I was appalled at the conditions the prisoners were kept in.

The prisoners liked Wemmick because of his association with Mr. Jaggers. Wemmick told me that Mr. Jaggers was very popular with the prisoners because he tried very hard to save them from the gallows.

"How are you, colonel?" said Wemmick to an elderly prisoner.

"All right. Thank you, sir," he said.

"I'm sorry we couldn't get you off, there was too much evidence against you!" said Wemmick kindly.

"I know, sir," replied the prisoner. "But I'm happy to be able to say goodbye to you."

They shook hands between the bars, then Wemmick led me away.

"He is to be executed on Monday," he whispered.

□ appall 오싹하게 하다
□ condition 상황, 상태
□ prisoner 수감자
□ association 관련, 교제
□ gallows 교수대, 교수형
□ colonel 대령
□ elderly 나이가 많은
□ evidence against …에 불리한 증거
□ between the bars 창살 사이로
□ execute 처형하다

I returned to the coach office, but I still had some time to wait. So I busied myself shaking the prison dust from my clothes.

Finally the coach arrived, and I opened the door for Estella to alight. Her first words to me were, "We must obey Miss Havisham's instructions, so take me to Richmond!"

"But, you must be tired, won't you rest awhile?" I asked.

"Yes, you are to take care of me," she replied.

What was wrong with her, she acted like she was following orders.

We found an inn close by and ordered refreshments.

"Why must you go to Richmond?" I asked.

"I am to live with a lady who will introduce me to some important people," she replied.

She quickly changed the subject and asked, "And how is your life with Mr. Pocket?"

I blushed and said, "As pleasant as it can be without you."

"You silly boy, what nonsense!" she said quickly.

After tea, we took a coach to Richmond. When she had alighted from the coach, she called "Good night," and hurried into the house without another word.

"I would be so happy to live here with Estella," I thought. "But why am I so miserable when we are together?"

□ busy oneself ...ing ···하느라고 바쁘다
□ shake 흔들어 털어내다
□ alight (차·말 등에서) 내리다
□ instructions 지시, 명령
□ rest awhile 잠시 쉬다
□ order 명령 ; 주문하다
□ inn 식당

□ close by 바로 곁에
□ refreshments 가벼운 음식, 다과
□ subject 화제, 주제
□ blush 얼굴을 붉히다
□ as + 형용사 + as + (주어) + can be
    더할 나위 없이 ···한
□ nonsense 말도 안 되는 소리

Mini-Less :☀: n

「be to + 동사원형」의 여러가지 의미

be동사와 to부정사를 함께 쓰면 '···해야 한다(의무),' '···할 것이다(예정)'라는 두 가지 뜻을 나타낼 수 있어요. 그러므로 문맥을 잘 살펴야 한답니다.

• Yes, you are to take care of me. 네, 당신이 나를 보살펴 주어야 해요. (의무)
• I am to live with a lady who will introduce me to some important people.
  난 나를 중요한 사람들에게 소개시켜 줄 어떤 부인과 살 거예요. (예정)

It was at this time that I began to notice that my 'great expectations' had changed me. And I will admit that it was not for the better! [1]

Herbert and I were the best of friends, but we were never very good with money. My allowance was spent as soon as I received it, so I was always in debt. And it was obvious that I was a bad influence on Herbert because he spent his income on trivial things he could [2] not afford! I would have helped pay his expenses, but Herbert was proud and would have refused.

So one evening I said, "Dear Herbert, we need to sort out our finances!"

(?) What's the problem with Pip and Herbert?
a. They have too much money.
b. They've wasted money.
c. They quarrel frequently because of money.

정답 b

Mini-Lesson

It is A that + 절: …한 것은 바로 A 이다 (강조 구문)
'…한 것은 바로 A 이다'라고 표현할 때는 「It is A that + 절」을 써요. A를 강조하는 것이죠. "It was at this time that I began to notice that my 'great expectations' had changed me."는 'at this time'을 강조한 문장으로, ''큰 유산'이 나를 변화시켰다는 것을 깨닫기 시작한 것은 바로 이 시점이었다.'라는 뜻이에요.

• It was in New York that my mother first met my father.
  엄마가 아빠를 처음 만난 것은 뉴욕에서였다.

However, the discussion was interrupted when a letter was slipped under our door. Herbert picked it up and handed it to me, "It's for you, Pip!"

It was a letter from Biddy telling me that my sister had died. Her funeral was to be held on the next Monday, so I caught the fastest coach home.

Poor Joe was heartbroken when I saw him.

"How are you Joe?" I asked as I patted his shoulder.

"Good to see you, Pip, old chap," he said. "If you had visited more often, you would have seen that your sister had greatly changed!"

- □ admit 인정하다
- □ allowance 용돈, (정기적으로 받는) 돈
- □ in debt 빚을 지고 있는
- □ obvious 명백한
- □ influence 영향, 영향을 끼치는 사람
- □ income 수입
- □ trivial 사소한
- □ can afford 구입할 만한 여유가 있다
- □ expense 지출, 비용
- □ refuse 거절하다
- □ sort out 해결하다, 이해하다
- □ finances 재정, 재원
- □ discussion 논의
- □ slip 살짝 들어오다
- □ pick up 집어 올리다
- □ funeral 장례식
- □ be held (행사가) 열리다
- □ heartbroken 마음이 아픈
- □ pat 가볍게 치다, 쓰다듬다
- □ old chap (친한 친구를 부를 때) 이 녀석

1 **for the better** 좋은 쪽으로
And I will admit that it was not for the better!
그리고 그것이 좋은 방향으로는 아니었음을 인정해야겠다!

2 **spend (money) on** …에 (돈)을 쓰다
He spent his income on trivial things he could not afford!
그는 번 돈을 자신이 감당할 수도 없는 사소한 것들에 써 버렸다!

The day of the funeral was dark and dreary. Four men dressed in black suits and black top hats carried my sister's coffin, and Joe and I walked behind them to the churchyard. After a short service, my sister was laid to rest beside the graves of our parents.

That night, Joe, Biddy and I had dinner together. Joe seemed very uneasy, but he brightened up when I said I wanted to sleep in my old room.

Later Biddy and I went outside to talk.

"You can't stay here now," I said. "So if you need any money, just ask!"

"I'm okay," she said. "I've applied to be a teacher at the new school nearby."

"Tell me how my sister died, Biddy."

"She had been delirious for four days, then all of a sudden she called Joe. He came and sat beside her and held her fragile hand. She laid her head on his shoulder, and less than an hour later she was gone!"

We sat quietly for a moment, then she said, "Joe never complains, but he does love you and only wants the best for you, Pip."

☐ dreary 음울한, 황량한
☐ suit (신사복 · 여성복 등의) 한 벌
☐ top hat (남자의 예식용) 중산모
☐ carry 옮기다
☐ coffin 관
☐ churchyard 교회 묘지
☐ service 예식, 의식
☐ lay 내려놓다, 놓다 (lay-laid-laid)

☐ uneasy 불편해하는, 어색한
☐ brighten up (얼굴이) 밝아지다
☐ apply 지원하다, 신청하다
☐ delirious 헛소리를 하는
☐ all of a sudden 갑자기
☐ fragile 허약한
☐ less than … 이내에
☐ complain 불평하다

"I promise I'll visit him often, I won't let him down," I said.

"Are you sure you will keep your promise, this time?" she snapped.

I said angrily, "Biddy, how could you ask such a question?"

I slept little that night thinking about Biddy's cruel words. The following morning I went to see Joe and said, "I must go now, Joe. But I will come to visit soon and often."

"Please do, Pip," was all he said as he returned to his work.

I found Biddy in the kitchen making bread.

"Biddy, I'm not angry, but I am hurt by your harsh words," I said.

As I walked away through the morning mist, I knew that Biddy was right. I wouldn't be returning anytime soon.

□ let A(목적어) down A를 실망시키다, 의기소침하게 하다
□ keep one's promise 약속을 지키다
□ snap 날카롭게 말하다
□ cruel 냉혹한

□ hurt 마음을 아프게 하다
□ harsh 거친, 가혹한
□ mist 안개
□ amount 액수, 금액
□ benefactor 후원자

On my twenty-first birthday, Mr. Jaggers gave me
five hundred pounds, and said that I would receive
the same amount every year on my birthday. I asked
him if he could tell me the name of my benefactor.
He said "No!"

 # Check-up Time!

● **WORDS**

빈칸에 알맞은 단어를 고르세요.

1 It's not good for your eyes to read a book in _____ light.
   a. frail   b. delicate   c. dim

2 Stop _____ ! I'm trying to explain what happened to me yesterday.
   a. interrupting   b. stuttering   c. discussing

3 I could buy new comics every month with a generous _____ from my aunt.
   a. debt   b. expense   c. allowance

● **STRUCTURE**

밑줄 친 to부정사의 쓰임이 보기와 같은 것을 고르세요.

> To think that I could get a first grade in the final exam!

a. To be a good singer, you must practice very hard!

b. To climb the mountain in such a hot weather!

c. To travel abroad on your own requires courage!

다음의 말을 하고 있는 심정으로 알맞은 것을 고르세요.

a. doubtful	b. cold-hearted	c. regretful

1 "I should have treated Joe with respect." ____

2 "Are you sure you will keep your promise to visit Joe more often?" ____

3 "I have no heart to feel love and sentiment." ____

● SUMMARY

빈칸에 맞는 말을 골라 이야기를 완성하세요.

Pip was excited to meet Estella unexpectedly, and his (　) for her grew stronger. Pip found himself leading a (　) life with the money from his unknown benefactor. While he was feeling (　) about treating Joe badly, Pip heard the news of his sister's death. Again he realized how (　) he had been to his family.

a. indifferent　　b. guilty　　c. wasteful　　d. longing

ANSWERS

Summary | d, c, b, a
Comprehension | 1. c 2. a 3. b

떠다니는 감옥

A Floating

Prison ships, called prison hulks, were common in Britain in the 18th and 19th centuries. As the prison population grew, the British government started to send convicts to its overseas colonies. The government purchased worn-out navy ships and converted them into prison hulks.

Some convicts spent time on the hulks before being transported to another country, and others served their entire sentence on the hulks. The convicts were put to work to improve the river and dig canals. Some worked all day long under the hot sun, and were then chained up in the stench-filled lower decks at night. Life on the ships was truly miserable. In a very short time, the prisoners began to look like terrible ghosts. Approximately a third of all the prisoners died aboard these ships due to overcrowding, contaminated water, starvation, and diseases. During the American War of

Prison

Independence, 11,500 men and women died on prison ships.
Their bodies were buried along the shore. This is now
commemorated by the "Prison Ship Martyrs' Monument"
(picture: right, below) in New York City.

'prison hulk' 라고도 불리는 감옥선은 18-19세기에 영국에서 많이 볼 수 있었다. 수감자 수가
늘어나자 영국 정부는 죄수들을 해외 식민국가로 보내기 시작했다. 낡아서 쓰지 못하는 해군함을
정부에서 구입해 감옥선으로 개조했다. 어떤 죄수들은 다른 나라로 이송될 때까지 감옥선에서 시
간을 보냈고, 복역 기간이 완전히 끝날 때까지 감옥선에서 형벌을 받는 죄수들도 있었다. 감옥선
의 죄수들은 강을 개선하고 운하를 파는 일에 동원되었다. 죄수들은 뜨거운 태양 아래에서 하루
종일 일 하고 밤에는 역겨운 악취가 풍기는 아래쪽 갑판에 사슬에 묶여 있기도 했다. 선상에서의
삶은 정말 비참했다. 배에 탄 지 얼마 안 돼 죄수들은 끔찍한 유령의 모습으로 변해갔다. 죄수들의
약 3분의 1이 과밀인구와 오염된 물, 기아, 질병으로 배 위에서 목숨을 잃었다. 미국 독립전쟁 당시
에는 11,500명의 남녀 죄수들이 감옥선에서 사망했고, 그들의 시체가 해변 여기저기에 묻혀버렸
다. 현재 뉴욕 시에 있는 '감옥선 희생자 기념탑'(사진: 아래, 오른쪽)은 이들을 기념하고 있다.

Abel Magwitch
아벨 매그위치

I had reached the age of twenty-three and heard nothing about my expectations. One evening, when I was alone in my room, I heard footsteps on the stairs. I grabbed my lamp and went out into the hall. There, on the gloomy stairs, stood a stranger.

"I'm looking for Pip," he called.

"I'm Pip! What do you want?" I said.

"I'll come up and explain everything to you."

The stranger stood warming his back by the fire. Then he looked me up and down and said, "You've grown big [1] and strong, Mr. Pip!"

□ expectations (상속이 기대되는) 유산
□ footstep 발소리
□ stairs 계단
□ grab 움켜쥐다
□ lamp 등불, 램프
□ hall 현관 마루

□ gloomy 어두운, 음침한
□ stranger 낯선 사람
□ look for …을 찾다
□ warm 따뜻하게 하다
□ back 등
□ fire 난롯불

---

1 **look A (목적어) up and down** A를 자세히 훑어보다
Then he looked me up and down and said.
그리고 그는 나를 자세히 훑어보면서 말했다.

I didn't know what to say, so I said nothing. Just then, I recognized the man. He was the escaped convict!

"Were you given 500 pounds on your twenty-first birthday, Pip?"

I was dumbfounded and could only nod at him.

"Was J the first letter of your guardian's name before you turned twenty-one?"

How did he know all this? My legs trembled so much that I could hardly stand. Then he said, "Yes, Pip, I've made a gentleman of you!"

I almost fainted with shock when he took a large file from his pocket.

He grinned and said, "Did you ever think that I could be your benefactor?"

"Never," I replied.

□ escaped convict 탈옥수	□ file 줄칼
□ dumbfounded 말문이 막힌	□ grin 이를 드러내고 씽긋 웃다
□ letter 글자	□ save 절약하다, (돈을) 모으다
□ guardian 후견인	□ away 집에 없는
□ turn (나이가) …살이 넘다	□ criminal 범죄자
□ tremble 떨다	□ desert 저버리다
□ can hardly 거의 …할 수 없다	□ in a whirl (머리가) 혼란스러운
□ faint 기절하다	□ rise 일어나다 (rise - rose - risen)

1 **make one's way to** …로 가다
I escaped from prison and made my way to Australia.
나는 감옥을 탈출해서 오스트레일리아로 갔지.

"My name is Abel Magwitch. I escaped from prison and made my way to Australia. I became a sheep [1] farmer and made a lot of money. I saved hard and sent all my money to Mr. Jaggers," he said. "Now Pip, I'm very tired after weeks at sea. Can I sleep here tonight?"

"My friend is away, you can have his room," I said.

I couldn't believe it. Miss Havisham wasn't my benefactor, but this criminal was! I thought of Joe. "Poor Joe! I had deserted Joe for a criminal. I could not go back to him or Biddy now!"

My mind was in a whirl and I hardly slept that night. It was still dark and cold when I rose from my bed.

The following evening, I heard Herbert's footsteps on the stairs. As soon as he came through the door, Magwitch made Herbert swear on the bible that he would not say a word about meeting him. Later I told Herbert the full story, and like me he felt uneasy being in the room with Magwitch.

The following morning, Magwitch told us more about his life.

"I've spent most of my life in and out of jail," he explained. "Twenty years ago, I met a man named Compeyson. He became my business partner. But I soon found out that he was a swindler and a forger! He had another partner, Arthur, who was very ill. Compeyson was younger and smarter than me, and I was always in debt to him. Me and my Missus*, ah, well, that's another story."

Missus는 아내(wife)를 격의 없이 일컫는 말이에요.

□ as soon as …하자마자
□ swear 맹세하다
□ feel uneasy 불안하다
□ in and out of …의 안팎에서
□ jail 교도소
□ named …라는 이름의
□ swindler 사기꾼
□ forger 거짓말쟁이, 위조범
□ ill 나쁜, 사악한
□ smart 영리한, 눈치 빠른

□ be in debt 빚을 지고 있다
□ stolen 훔친
□ evidence 증거
□ point to …을 지적하다
□ ring leader 주모자
□ be found guilty 유죄로 판결되다
□ get even 보복하다
□ fulfill 이행하다, 실행하다
□ beat A(목적어) up A를 때리다
□ slice (칼로) 베다

Magwitch continued, "When we were caught for passing stolen banknotes, the evidence pointed to me as the ring leader! I was found guilty and got fourteen years. Compeyson got seven years because he looked like a gentleman! I promised him that I would get even one day! I fulfilled that promise on the prison ship when I beat him up and sliced his face with a broken bottle.

Later I escaped into the marshes, but he followed me, so I hunted him down and beat him up again! He was the other man in the marshes, Pip! I was sent away for life, although it's obvious that I didn't stay imprisoned for life!"

Herbert passed me a book that he had been writing in. It read,

"Young Havisham's name was Arthur. Compeyson must have been Miss Havisham's fiancé!"

Later that evening, the night porter came to warn me.

"I saw a stranger looking up at your windows," he said. "He had a long ugly scar on his face!"

"Do you know who this man is?" I asked Magwitch.

"It's Compeyson, and he must be after me," he cried.

I didn't feel like visiting Miss Havisham, but I had to go! I had to see Estella! I had heard by accident that Drummle was Estella's most favored admirer.

The two women were playing cards when I arrived at Satis House.

I looked at Estella, and whispered, "You know I love you."

"I feel nothing for you, Pip," she said coldly.

"Are you marrying Bentley Drummle?" I asked.

"Yes, I am marrying him," she replied.

□ escape into …로 탈출하다
□ marsh 늪, 습지
□ hunt down 추적해서 잡다
□ for life 종신의
□ obvious 명백한
□ stay imprisoned 수감되어 있다
□ must have p.p. …이었음에
 틀림없다
□ fiancé 약혼자
□ night porter 야간 경비원

□ warn 경고하다
□ look up at …을 올려보다
□ ugly 보기 흉한, 추한
□ scar 흉터
□ be after …의 뒤를 쫓다
□ feel like ...ing …하고 싶다
□ by accident 우연히
□ favored 호감을 받고 있는
□ admirer 찬양하는 사람, 구애자
□ coldly 냉담하게

Mini-Less∙n

또 다른 하나: the other

두 개, 또는 두 사람을 가리키며 '하나는, (나머지) 하나는'이라고 표현할 때,
「one, the other」를 써요.

• He was the other man in the marshes, Pip! 늪에 (나와 함께) 있던 그 사람이야, 핍!
• I'd like to have two backpacks, one for school, the other for hiking.
  하나는 등교용 또 하나는 하이킹용으로, 배낭이 두 개 있으면 좋겠다.

I couldn't bear it and pleaded, "Don't marry Drummle, Estella! There are many men far better than him!"

"I have chosen to marry Mr. Drummle!" she said. [1] "You'll soon forget me!"

"Never!" I cried. "You are everything to me, Estella!"

I took her hand and held it to my lips for a moment and then I left her. I was so angry that I walked all the [2] way back to my lodgings in London.

On my return, the night porter handed me a note and said, "The gentleman, who delivered it, said you must read it before you go to your rooms."

I opened the note, it simply said:

"Don't go home. Wemmick."

To be safe, I took a room in Covent Garden, and after a sleepless night, I went to visit Wemmick.

? What can be inferred?
a. Pip got lost.
b. Pip's house is being watched by someone.
c. Pip doesn't know where to go.

정답 b

□ bear 견디다
□ plead 간청하다
□ far (비교급 앞에서) 훨씬 더
□ all the way 내내, 먼 길을 무릅쓰고
□ lodgings 하숙집

□ on … 즉시, …하자마자
□ return 귀가, 귀환
□ note 메모
□ deliver 배달하다, 넘겨 주다
□ sleepless 잠 못 이루는

1 **choose to+동사원형** …하기로 결정하다
I have chosen to marry Mr. Drummle! 난 드러믈 씨와 결혼하기로 했어요!

2 **so+형용사+that절** 너무 …해서 ~하다
I was so angry that I walked all the way back to my lodgings in
London. 나는 너무 화가 나서 런던에 있는 하숙집까지 내내 걸어서 돌아갔다.

"Someone is watching you, Pip!" he warned. "And there are rumors that a certain man has disappeared from a certain far-off country! So I went to see Mr. Herbert. His friend, Clara, has a house near the river. It's a perfect hiding place for Magwitch, and for watching boats leaving England. You'll be safe here with me, Pip, so stay the night if you wish."

I sat beside his fire, and it wasn't long before I fell ※ asleep.

Early the next morning, I hurried to Clara's house. When I knocked on the door, an anxious Herbert opened it, and looked up and down the street.

□ far-off 멀리 떨어진
□ hurry to ···로 서둘러 가다
□ anxious 초조해하는
□ row 배를 젓다
□ notice 알아채다
□ transport 실어나르다

□ pass by (시간이) 지나가다
□ gradually 점차로
□ take A (목적어) out of A를 ···에서 빼내다
□ jewelry 보석
□ raise (돈을) 마련하다, 모으다
□ cash 현금

Mini-Less☀n

not be long before + 절: 머지 않아 ···하다

'얼마 안 있어서 ···하다, 머지 않아 ···하다'라고 표현할 때는 「not be long before...」를 써요. before 다음에는 절이 쓰인다는 것도 함께 기억해 두세요.

- It wasn't long before I fell asleep. 얼마 안 있어서 난 잠이 들었다.
- It will not be long before spring comes. 머지 않아 봄이 올 것이다.

"Come in," he whispered. "All is well, Pip," he said as he closed the door.

"When the time comes, I'll go with you!" I said to Magwitch.

"Let's get a boat and practice rowing on the river," said Herbert. "After a few weeks, people won't notice us. Then we can safely transport Magwitch to the ship that will take him away from England."

It sounded like a good idea, so we all agreed.

As the weeks passed by, I gradually took most of my money out of the bank, and sold some jewelry to raise more cash for the journey.

Several days later, I was walking through the market, when a large hand grabbed my shoulder. It was Jaggers.

"Come and dine with me, Pip," he said.

Later that evening as I dined with him, he said, "Miss Havisham wants to see you urgently, Pip."

"I'll go tomorrow, sir," I said.

Suddenly, without warning, the door flew open and [1] Molly entered the room. She had angry eyes, fidgety hands and her long flowing hair fell wildly over her shoulders! But somehow she looked familiar. I knew I had seen the exact same eyes and hands, recently! Then it hit me! She looks like Estella! She must be Estella's mother!

□ when 그런데 그때 (= and then)
□ dine 식사하다
□ urgently 급하게
□ without warning 느닷없이
□ fidgety 안절부절 못하는
□ flowing (머리카락·옷 등이) 치렁치렁 드리워진
□ fall (머리카락·옷 등이) 흘러내리다
□ wildly 걷잡을 수 없이
□ somehow 어쩐지, 왠일인지
□ exact 바로 그, 정확한
□ recently 최근에

□ hit 생각이 …에게 떠오르다 (hit-hit-hit)
□ ... or so … 정도
□ defend 변호하다
□ trial 재판, 심사
□ travelling 방랑하는
□ jealous 질투하는
□ suspect 용의자
□ prove 입증하다
□ set A (목적어) free A를 석방하다
□ at the same time 같은 시기에
□ spite 괴롭히다, 분풀이하다
□ soon after 바로 후에

That evening as Wemmick and I walked home, I said, "Tell me about Molly."

"Twenty or so years ago, Jaggers defended her in a murder trial," he said. "Molly was married to a [2] travelling man. She thought her husband was in love with another woman and became jealous. The woman was murdered and Molly was the only suspect. Mr. Jaggers proved there wasn't enough evidence against Molly and she was set free. At the same time there were rumors that Molly killed her own child to spite her husband! She began working for Jaggers soon after."

"Was her child a boy or a girl?" I asked.

"A girl," he replied.

> ❓ Which is true about Molly?
> a. She was suspected as a murderer.
> b. She killed her daughter.
> c. She escaped from his husband.

---

1 **fly open** (문이) 활짝 열리다 (fly−flew−flown)
The door flew open and Molly entered the room.
문이 활짝 열리고 몰리가 방으로 들어왔다.

2 **be married to** …와 결혼하다, …와 결혼해 살고 있다
Molly was married to a travelling man.
몰리는 떠돌아다니는 남자와 결혼해 살고 있었지.

The next time I visited Miss Havisham, she told me that Mr. Jaggers had brought Estella to her. She also said that Estella's real mother was accused of murder, but [1] she had been found not guilty. All those memories seemed to tire Miss Havisham, so we sat quietly in front [2] of the fire.

Suddenly, her dress caught fire and she screamed, "AARRGGGHHH!"

I rushed to smother the flames with my coat! Then I pulled the rotten cloth from the table and wrapped it around her skeletal body! I sent for help and stayed with her until the doctor arrived. Only then did I realize that my hands were badly burned. I stayed with her all night, but had to leave her in the morning.

❓ What happened to Pip?
a. His coat caught fire.
b. He took Miss Havisham to the doctor.
c. He got burned in the hand.

Mini-Less☀n

See p.149

only then: 그때서야 비로소

'그때서야 비로소 …하다'라고 할 때는 only then 다음에 문장을 쓰면 돼요. 이어지는 문장에서는 do(does), 혹은 조동사를 주어 앞으로 도치시킨답니다.

• Only then did I realize that my hands were badly burned.
그때서야 나는 내 손이 심하게 데었다는 것을 알았다.
• Only then could I understand it. 그때서야 나는 그것을 이해할 수 있었다.

- □ be found not guilty 무죄 판결을 받다
- □ tire 피곤하게 하다
- □ catch fire 불이 붙다
- □ scream 비명 지르다
- □ rush to + 동사원형 서둘러 …하다
- □ smother (불을) 덮어 끄다
- □ flame 불꽃, 화염
- □ pull 당기다
- □ rotten 불결한, 더러운
- □ wrap 싸다, 감싸다
- □ skeletal 해골 같은, 뼈만 남은
- □ send for help 도움을 청하러 (사람을) 보내다
- □ badly 몹시, 심하게

1 **be accused of** …로 기소되다

She said that Estella's real mother was accused of murder, but she had been found not guilty. 그녀는 에스텔라의 생모가 살인죄로 기소되었지만 무죄 판결을 받았다고 말했다.

2 **seem to + 동사원형** …인 것처럼 보이다, …한 것 같다

All those memories seemed to tire Miss Havisham.
이 모든 기억들이 해비샴 부인을 지치게 한 것 같았다.

Back at my lodgings, I told Herbert what had happened.

"Is everything okay down by the river?" I asked.

"Everything is ready, Pip," said Herbert. "By the way, Magwitch told me an interesting story today. He said that he was married once, and had a child that he ※ believes died. And he also added that people say his wife, out of jealousy, murdered another woman."

"Herbert, that man we are hiding is Estella's father!" I whispered.

The following day I went to visit Jaggers.

"I know that Molly is Estella's mother and Magwitch is her father!"

"Does he have any evidence of this?" he asked.

"No, he believes his only child died!"

Jaggers sat in silence, and rubbed his temples to soothe the ache in his head. I had nothing else to say to him and quickly left his office.

□ out of jealousy 질투심에서   □ temple 관자놀이
□ rub 문지르다   □ soothe (고통을) 덜어주다, 달래다

Mini-Less ※ n

관계대명사 다음에 오는 삽입절

"He had a child that he believes died."에서 관계대명사(that) 다음에 온 'he believes' 는 삽입절이에요. "(그가 믿기에) 죽은 아이가 하나 있었다"라는 뜻이랍니다.

 Check-up Time!

● WORDS

빈칸에 알맞은 단어를 보기에서 골라 써넣으세요.

| fulfill   swear   dumbfounded   evidence |

1 I was _____ to hear that she had left for Africa.

2 Witnesses must _____ on the Bible to tell the truth.

3 He studied hard to _____ his promise to get good grades.

4 There is no _____ that she is guilty.

● STRUCTURE

괄호 안의 단어를 어법에 맞게 배열해 문장을 완성하세요.

1 It wasn't _____ _____ _____ fell asleep.
   (I, before, long)

2 _____ _____ _____ _____ _____ that she was blind. (I, only, notice, then, did)

3 Always do what _____ _____ _____ _____.
   (is, believe, you, right)

● **COMPREHENSION**

이야기의 흐름에 맞게 순서를 정하세요.

a. Magwitch was sentenced to 14 years, and Compeyson to 7 years.

b. Magwitch earned a lot of money in Australia.

c. Magwitch and Compeyson were accused of passing stolen banknotes.

d. Magwitch escaped into the marshes and beat up Compeyson.

(   ) → (   ) → (   ) → (   )

● **SUMMARY**

빈칸에 맞는 말을 골라 이야기를 완성하세요.

Pip found that his (   ) was the escaped convict he had fed in the marshes. He regretted having (   ) Joe and Biddy for a criminal. Pip came to know why Magwitch was Compeyson's life-long (   ). It was revealed that Molly had been accused of murder, and her daughter Estella had been (   ) by Miss Havisham.

a. enemy   b. benefactor   c. deserted   d. adopted

ANSWERS

Comprehension | (c)→(a)→(d)→(b)
Summary | b, c, a, d

Friends Forever!

영원한 친구!

On a Monday morning in March, we received a letter from Wemmick. It read:

Wednesday will be a good day to carry out your plan. Now burn this message!

Because of my injured hands, I could no longer row. So Herbert and I asked Startop to help, and he readily agreed.

Herbert and I discovered that a steamer was leaving for Hamburg in Germany, early the following morning, at high tide.

The night was very dark, as Herbert and Startop rowed Magwitch and me out into the dark waters of the River Thames. We waited and watched as a steamer came toward us. Then out of nowhere a galley appeared!

The captain shouted across to us, "Stop! You have an escaped convict on board! His name is Magwitch! He must surrender!"

steamer는 증기의 힘으로 움직이는 기선이고, galley(갤리선)은 노를 저어서 움직이는 특배예요.

□ carry out 수행하다
□ injured 부상당한
□ no longer 더이상 …하지 않다
□ row 배를 젓다
□ readily 선뜻, 쾌히
□ leave for …을 향해 떠나다

□ at high tide 밀물 때에
□ out of nowhere 난데없이
□ captain 우두머리, 선장
□ escaped convict 탈옥수
□ on board 배에 타고 있는
□ surrender 자수하다, 항복하다

In the galley I saw a man in civilian clothes, sitting between two officers. He had his head down so I couldn't see his face.

"He must be out of luck, just like Magwitch!" I thought.

But my thoughts were rudely interrupted by a loud crash as the steamer smashed into us! We all fell overboard into [1] the freezing water! At the same time Magwitch lunged at the other prisoner, and ripped away his heavy coat. It was Compeyson!

When the galley officers dragged me aboard, there was no sign of the convicts!

□ civilian 민간인의
□ out of luck 운이 나쁜
□ rudely 불쑥, 느닷없이
□ crash 충돌, 꽝음
□ smash into …와 세게 충돌하다
□ lunge at …을 향해 돌진하다
□ rip away 잡아 찢다, 벗겨내다
□ drag A(목적어) aboard A를 배 위로
　 끌어올리다

□ spot 발견하다
□ struggle 발버둥치다, 분투하다
□ haul 잡아당기다, 끌어당기다
□ accompany 동행하다
□ transport 운송하다, 옮기다
□ be determined to+동사원형
　 …하기로 굳게 결심하다
□ ensure 확실하게 하다
□ medical treatment 치료

1 **fall overboard** 배에서 물속으로 떨어지다
We all fell overboard into the freezing water!
우리는 모두 차가운 물속으로 떨어지고 말았다!

2 **stay afloat** (빠지지 않고) 떠 있다
Eventually, I spotted Magwitch struggling to stay afloat.
마침내 난 물에 가라앉지 않으려고 안간힘을 쓰는 매그위치를 발견했다.

Eventually, I spotted Magwitch struggling to stay [2] afloat, and we hauled him aboard. He whispered to me, "I think Compeyson is dead. I struck him when we were under the water!"

I accompanied Magwitch when he was transported back to prison in London. He was badly hurt, and I was determined to ensure that he got the medical treatment he needed.

"You shouldn't have come home for my sake," I told ☀ him. "You must have known it would be dangerous!" ☀

"It was my decision," he whispered. "Now go, Pip, a gentleman should not be seen with me!"

"I won't leave you, I'll be as true to you as you were to me!"

I was very disappointed when Mr. Jaggers would not defend Magwitch in court. He was certain he would lose the case! He also said that the Crown would take everything that Magwitch owned, leaving no money to pay for his services!

□ for one's sake ···을 위해서, ···때문에
□ disappointed 실망한
□ defend 변호하다
□ court 법정
□ lose the case 재판에서 지다
□ the Crown 여왕, 군주
□ take 가져가다; (시간을) 들이다
□ leave 남기다
□ pay for ···의 대가를 지불하다
□ meet up with ···와 우연히 마주치다

□ shortly after ··· 직후
□ generous 관대한
□ for a while 잠시 동안
□ rib 갈비뼈
□ puncture 찌르다, 구멍을 내다
□ lung 폐
□ grow worse 악화되다
□ trial 재판
□ somehow 어떻게든지 해서, 아무튼
□ pray 기원하다, 빌다

1 have difficulty ...ing ···하느라 애먹다〔힘이 들다〕
Poor Magwitch had difficulty breathing.
불쌍한 매그위치는 숨을 쉬는 것도 힘이 들었다.

2 be sentenced to death 사형 선고를 받다
He was sentenced to death. 그는 사형 선고를 받았다.

I met up with Herbert shortly after my return.

"Dearest Pip," he said, "I'm going to work in Cairo. Will you come with me?"

"That's a very generous offer," I said. "Can I think about it for a while?"

"Take as long as you like!"

Poor Magwitch had two broken ribs, a punctured lung, and had difficulty breathing. He grew worse each day. I wasn't sure if he would still be alive for the trial. But somehow he survived and was found guilty. He was sentenced to death. I slept very little that night. I hoped and prayed that he might die before the sentence was carried out.

> **(?)** Which is true?
> a. Magwitch was seriously injured.
> b. Mr. Jaggers defended Magwitch for free.
> c. Magwitch was sentenced to life.

Mini-Less☀n

조동사+have p.p.

shouldn't have p.p.는 '…하지 말았어야 했는데' 라는 뜻으로 과거에 했던 일에 대한 후회를 나타내요. must have p.p.는 '…이었음이 틀림없다' 라는 뜻으로 과거의 일에 대한 강한 확신을 나타낸답니다.

- You shouldn't have come home for my sake. 저 때문에 집으로 오시는 게 아니었어요.
- You must have known it would be dangerous! 위험하리란 걸 틀림없이 알고 계셨을 거예요!

Ten days later, when I visited him, I knew he wouldn't last much longer.

"God bless you boy for not deserting me!" he whispered.

"Are you in much pain today," I asked.

"I can't complain," he said before he closed his eyes. They were the last words he ever spoke.

He smiled, and I lifted my hand and laid it on his breast. He smiled again, and put both his hands upon it.

"I need to tell you something," I whispered in his ear. "Remember the child you lost?"

He opened his eyes and nodded as tears rolled down his cheeks.

"She is a beautiful lady now, and I love her," I said.

With his last bit of strength, he took my hand and held it to his lips. Then his eyes closed for the last time and he peacefully passed away.

□ last 견디다, 지속하다
□ bless (신이) 은총을 베풀다
□ desert 저버리다
□ in pain 고통스러운
□ complain 불평하다
□ lift 들어올리다
□ lay 놓다, 두다 (lay-laid-laid)
□ breast 가슴

□ nod 끄덕이다
□ roll down (눈물이) 흘러내리다
□ cheek 뺨
□ (a) bit of 약간의, 얼마 안 되는
□ strength 힘
□ for the last time 마지막으로
□ peacefully 평화롭게
□ pass away 사망하다

I was heavily in debt. I had no money to buy food or fuel for the fire. For a day or two I lay weakly on the sofa with a heavy head and aching limbs.

One morning my door crashed open and two strangers appeared.

"What do you want?" I asked surprisedly.

"You're under arrest for debt!" said one man.

"He's got a bad fever," said the other stranger. "We'll come back when he's feeling better."

I collapsed back onto my pillow, and was surprised to see Joe sitting beside my bed when I awoke several days later.

"How long have I been ill?" I asked.

"A while, Pip," he said softly. "We received word that you were gravely ill. Biddy made me come straight away!"

- [ ] be heavily in debt 빚을 많이 지다
- [ ] fuel 연료, 땔감
- [ ] lie 누워 있다 (lie–lay–lain)
- [ ] weakly 힘없이
- [ ] aching 아픈, 쑤시는
- [ ] limbs 사지, 팔다리
- [ ] crash open 요란한 소리를 내며 열리다
- [ ] surprisedly 놀라서
- [ ] under arrest 체포된
- [ ] get a bad fever 심하게 열이 나다
- [ ] collapse 맥없이 주저앉다

- [ ] gravely 심각하게
- [ ] straight away 곧장
- [ ] nursing 간호
- [ ] recover 회복되다
- [ ] barely 가까스로 …하다
- [ ] as if 마치 …인 것처럼
- [ ] venture 위험을 무릅쓰다
- [ ] breathe in (숨을) 들이쉬다
- [ ] grateful 감사하는
- [ ] bring A (목적어) back together A를 다시 한데 모으다

By the next day, and with Joe's careful nursing, I was feeling a little better.

"Joe, has Miss Havisham recovered yet?"

He shook his head and said, "She is barely alive!"

Joe stayed with me, and I felt as if I were little Pip again. He did everything for me. I grew a little stronger each day, and finally I was well enough to venture outside. It was a wonderful feeling to breathe in the lovely fresh air again. "I'm grateful, Joe, for being ill," I said. "It has brought us back together."

The next morning, Joe had gone, but he had left me a letter. It read:

"Pip, I don't wish to intrude anymore now that you are [1] *well again. You will do better without me around. Ever the best of friends, Joe."*

Enclosed with the note was a receipt. Joe had paid off all my debts! I immediately decided to go and visit Joe and Biddy. I wanted them to know I was a changed man! And I had a certain question I wanted to ask Biddy!

"You liked me when I was common laborer, Biddy." I would say. "So will you marry me now?"

□ intrude 끼어들다, 개입하다
□ enclosed 동봉된
□ receipt 영수증
□ pay off 완전히 갚다, 청산하다
□ immediately 즉시
□ laborer 노동자

□ approach 접근하다
□ flutter 펄럭이다
□ sill 창문턱
□ arm in arm 팔짱을 끼고
□ hug tightly 꼭 끌어안다
□ excitedly 흥분해서

---

1 **now that** ···이니까, ···이기 때문에
   I don't wish to intrude anymore now that you are well again.
   이제 다시 건강해졌으니까 난 더이상 방해가 되고 싶지 않다.

When I arrived at my village, the weather was warm and sunny and the air smelled sweet. As I approached Joe's house, I noticed pretty, white curtains fluttering in the open windows, and saw a large vase of sweet, spring flowers on the sill. I was surprised to see Joe and Biddy standing arm in arm. Biddy cried out when she saw me and hugged me tightly.

"How smart you both look," I said.

"Thank you, Pip," she said excitedly. "Joe and I were married today!"

All of a sudden, I collapsed, but Joe caught me.

"I don't think he's strong enough for such a surprise, my dear," said Joe.

"I ought to have thought of it, dear Joe, but I am just so [1] happy," said Biddy.

"Dearest Biddy," I said, "you have the best husband in the world! And dear Joe, you have the best wife in the world! I've come to tell you that I am going abroad to earn enough money to repay you for keeping me out of [2] jail."

Joe tried to speak but I stopped him.

"I hope you will have children to love," I said as I held back my tears. "And that one day some little fellow will sit with you, as I did. Tell him that I honored you both, because you were both so good and true ... and ... Joe, tell me that you forgive me!"

"Oh, dear Pip," said Joe. "God knows I forgive you, if there is anything to forgive!"

We said our final farewells, and I hurried back to London. I sold everything I had and went to work with Herbert in Cairo. I felt settled there, and gradually over the years, happiness returned to my life.

- □ all of a sudden 갑자기
- □ go abroad 외국에 나가다
- □ repay 보답하다, 되갚다
- □ jail 감옥
- □ hold back one's tears 눈물을 억제하다
- □ honor 존경하다
- □ farewell 작별인사
- □ settled 자리 잡힌, 안정된
- □ gradually 점차
- □ over the years 몇 년이 지나면서

1 **ought to have p.p.** …했어야만 했는데
   I ought to have thought of it, dear Joe, but I am just so happy.
   그걸 생각했어야 했는데, 조. 하지만 난 너무나 기뻐서요.

2 **keep A(목적어) out of** A가 …에 들어가지 않게 하다
   I am going abroad to earn enough money to repay you for keeping me out of jail.
   날 감옥에 가지 않게 해 준 것에 보답할 수 있는 돈을 벌기 위해 외국으로 나갈 거예요.

Eleven years later I returned to England to visit Joe and Biddy. And there, sitting beside Joe, was a little boy. It reminded me of years gone by. Joe jumped up and [1] hugged me, then he said, "We named him Pip after you!"

Then Biddy hugged me and said, "Dearest Pip, do you still love Estella?"

"No, that dream has gone!" I said.

I needed to visit the old house one last time. It was almost dark, and fog was starting to settle as I hurried to Satis House. I couldn't believe it. The house was in ruins! It had no roof and the walls had almost crumbled away. Ahead of me, through the cold mist, I spied the lonely figure of a woman. When I got near to her, she spun [2] around to face me!

She gasped, held her hand to her heart and whispered, "Pip!"

It was Estella, and she was still beautiful!

"I'm surprised you recognized me," she said.

We found a garden seat and sat down.

□ jump up 벌떡 일어나다
□ name after …을 본따 이름짓다
□ one last time 마지막으로
□ fog 안개
□ settle (안개 등이) 끼다
□ in ruins 폐허가 된
□ crumble (away) 허물어지다, 무너지다

□ mist 안개, 이슬비
□ spy 발견하다, 알아내다
□ lonely 쓸쓸한, 외로운
□ figure (사람의) 모습
□ face 마주보다, 마주치다
□ gasp (놀라서) 숨이 막히다
□ recognize 알아보다

1 **remind A of B** A에게 B를 상기시키다
  It reminded me of years gone by. 그것이 내게 지나간 시절을 기억나게 했다.

2 **spin around** 뒤를 돌아보다 (spin-spun-spun)
  When I got near to her, she spun around to face me!
  가까이 다가가자 그녀가 뒤를 돌아보면서 나와 마주쳤다!

"Poor old place," she said. "It all belongs to me, now!"
She hung her head as tears welled up in her eyes.

"Satis House was the only thing I would not give up in
all the wretched years of my marriage to Drummle.
Thankfully he has now gone! I often think of you, Pip,
and then I remember how cruel I was," she said quietly.

Her lovely face crumpled into tears, so I said softly,
"You are always in my heart, Estella."

"Pip, I have been bent and broken, but I hope I am a
better person for it! Tell me we are friends!"

I took her hand in mine and declared, "We are friends!"

"And will continue as friends apart," she said.

As the evening mists began to clear, we passed through
the broken gates. And in all the broad expanse of
tranquil light, I saw no shadow of another parting
from her.

□ belong to …의 소유이다
□ hang one's head 고개를 떨구다
 (hang-hung-hung)
□ well up 솟아나오다, 넘쳐 흐르다
□ wretched 불행한, 비참한
□ crumple 구겨지다, 일그러지다
□ bent and broken 사는 형편이 어려운,
 (경제적·정신적으로) 비참한

□ declare 단언하다
□ apart 떨어져, 헤어져
□ clear (구름·안개가) 걷히다
□ broad 넓은
□ expanse (넓게 펼쳐진) 공간[장소]
□ tranquil 고요한
□ shadow 기미, 조짐
□ part from …와 헤어지다

 # Check-up Time!

● WORDS

서로 어울리는 단어와 그 뜻을 연결하세요.

1 hug •   • a. in debt •   • e. 꼭 끌어안다

2 badly •   • b. tightly •   • f. 가까스로 살아 있는

3 heavily •   • c. alive •   • g. 심하게 다친

4 barely •   • d. hurt •   • h. 빚을 많이 진

● STRUCTURE

알맞은 것을 골라 문장을 완성하세요.

1 She (must be, must have been) out of town last night.

2 He was not welcomed. He (must have come back, shouldn't have come back).

3 Put on a warm sweater (ever since, now that) the weather is cold.

4 Be sure to keep your dog (out of, into) your neighbor's house.

5 The boy had difficulty (to add, adding) up the numbers.

ANSWERS

Words | 1. b-e 2. d-g 3. a-h 4. c-f
Structure | 1. must have been 2. shouldn't have come back
3. now that 4. out of 5. adding

142 ● Great Expectations

● COMPREHENSION

다음 질문에 알맞은 답을 고르세요.

1 What did Pip want to do right after he recovered from a bad fever?
   a. He wanted to propose to Biddy.
   b. He wanted to meet Estella.

2 What happened to Satis House?
   a. It was ruined and sold to a rich man.
   b. Estella inherited it and left it in ruins.

● SUMMARY

빈칸에 맞는 말을 골라 이야기를 완성하세요.

Pip and Magwitch attempted to (   ) from London, but failed when they encountered a galley on the river. Magwitch received serious (   ) while fighting with Compeyson and was transported to prison. Magwitch was (   ) to death, but died before the sentence was carried out. Joe got married to Biddy and had a son, who they named Pip. After he settled in Cairo, Pip met Estella and promised to be (   ) forever.

a. sentenced   b. injuries   c. escape   d. friends

ANSWERS

After the Story

Reading X-File 이야기가 있는 구문 독해
Listening X-File 공개 리스닝 비밀 파일
Story in Korean 우리 글로 다시 읽기

If I hadn't brought you up by hand, you'd be buried there with the rest of the family.

내가 너를 손수 키우지 않았다면, 넌 그곳에 다른 식구들과 묻혀 있을 거야.

★　★　★

스무살이나 위인 누나는 핍에게 아주 무서운 존재였어요. 부모님이 그리워 무덤에 다녀온 핍을 보고 누나는 자신이 안 돌봤다면 핍이 지금쯤 어떻게 되었을지 가정하며 윽박질렀어요. 이처럼 '(과거에) …했더라면, (지금) …일 것이다'라고 표현할 때는 If+주어+had p.p., 주어+would+동사원형 구문을 쓴답니다. if절에는 과거사실을 반대로 가정하는 가정법 과거완료를, 주절에는 현재사실을 반대로 가정하는 가정법 과거를 쓴 것이에요. 핍과 매형 조의 대화로 다시 살펴볼까요?

Pip

If I hadn't left my village for London, I would be a common blacksmith living in the country now.

내가 고향을 떠나 런던으로 가지 않았다면, 지금쯤 시골에 사는 평범한 대장장이가 되었을 거예요.

Joe

It gave me much pain to leave you. But now I'm so happy to see you've grown up as a gentleman.

너를 떠나보내는 게 고통스러웠단다. 하지만 이제 신사로 성장한 것을 보니 기쁘구나.

I hit him in the chest with my hand.

난 손으로 그의 가슴팍을 쳤다.

★ ★ ★

탈옥수들이 배경에 등장하는 〈위대한 유산〉에는 치고받는 장면이 자주 언급되죠. 어린 핍과 허버트까지 가세해서 한판 싸움을 벌이는데요, '어떤 사람의 신체의 한 부분을 치다'라고 표현할 때 hit+사람+in the+신체의 부분 구문을 쓴답니다. hit 대신, strike, punch, pat 등의 단어를 쓸 수도 있어요. strike me on the head (내 머리를 치다), pat her on the shoulder (그녀의 어깨를 톡톡 치다)처럼 말이죠. 이 표현을 핍과 매그위치의 대화로 다시 살펴봐요.

Pip

Why was Compeyson's face so badly cut and bruised?

콤피슨의 얼굴이 왜 그렇게 심하게 베이고 부르텄죠?

Magwitch

I punched him in the face at least six times. He is my life-long enemy! He ruined my life!

내가 그의 얼굴을 적어도 여섯 차례 날려 버렸지. 그는 내 평생의 적이야! 그가 내 인생을 망쳐버렸어!

Few men have wrists as powerful as this woman.

이 여자만큼 센 주먹을 가진 남자가 거의 없지.

★ ★ ★

〈위대한 유산〉에서 몰리는 수수께끼 같은 존재예요. 그녀의 행적이 풀리면서 에스텔라의 비밀까지 하나씩 풀려나가는데요, 그 첫 단서가 되는 것이 몰리의 손목이었어요. 재거스 씨가 몰리의 손목을 강제로 보여주면서 남자들도 따라갈 수 없는 힘센 주먹이라고 빈정거리죠. 이때 'A만큼 … 한 것은 거의 없다'라는 뜻의 few + as ... as A 구문이 쓰였어요. 핍과 허버트의 대화로 한 번 더 살펴볼까요?

Pip

Few women are as attractive as Estella is. Every man that I know adores her!

에스텔라만큼 매력적인 여자는 거의 없어. 내가 아는 모든 남자가 그녀를 동경해!

Herbert

But she has no heart to feel love, sympathy, or sentiment. She just makes men miserable.

하지만 그녀는 사랑과 동정, 감정을 느낄 수 있는 마음이 없어. 그녀는 남자들을 비참하게 만들 뿐이야.

Only then did I realize that my hands were badly burned.

그때서야 난 내 손이 심하게 덴 것을 알았다.

★　★　★

〈위대한 유산〉에서 핍은 불이 나자 급하게 해비샴 부인을 구출합니다. 나중에 정신을 차리고 나서야 자신의 손에 화상을 입은 것을 알게 되는데요, 이처럼 '그때서야 비로소 …하다'라고 표현할 때 문장 제일 앞에 only then을 쓴답니다. only after가 앞에 오면 '…하고 나서야 비로소'라는 뜻이 되죠. 이 구문에서 주의할 것은, do/does를 주어 앞으로 도치시킨다는 거예요. 에스텔라와 핍의 대화를 보면서 확인해 보세요.

Estella

Only after you left me, did I realize how cruel I was to you and how much I loved you.

당신이 떠나고 나서야 난 내가 당신에게 얼마나 잔인했는지, 내가 얼마나 당신을 사랑했는지 알게 되었어요.

Pip

You are always in my heart. We will never part with each other again.

당신은 항상 내 마음 속에 있어요. 우리 이제 다시는 서로 헤어지지 말아요.

01 죄가 있으면? 기얼티!

i 와 l 이 만나면 [이얼]로 발음해 주세요.

- -

i 다음에 l이 받침으로 올 때는 [일]이 아니라 [이얼]이라고 발음해요. 앞소리 [이]를 길게 내다가 l 앞에 [어]를 살짝 넣어 [이얼] 하고 소리내죠. 그래서 milk는 [미얼크]가 되고, guilty는 [기얼티]가 된답니다. 그럼 이런 발음의 예를 본문 108쪽과 118쪽에서 확인해 볼까요?

"He had another partner, Arthur, who was
very (①)."

① **ill** 그냥 [일]이 아니라 [이얼]로 발음하죠?

"Estella's real mother was accused of murder,
but she had been found not (②)."

② **guilty** 확인하셨어요? [길티]가 아니라 [기얼티]예요.
i와 l이 만나면? 이제부터 [이얼]로 발음하세요.

02 흐~ 살짝 무시해 주세요!

h는 앞 단어와 이어질 때 약하게 소리내세요.

h는 다른 소리와 부딪치면 약해지는 성향이 있어요. [흐] 소리가 없어지면서 [으]에 가깝게 소리난답니다. 주로 he, him, her, have, has 등, 또렷이 안 들려도 파악이 되는 단어들을 빨리 발음할 때 나타나는 현상이에요. love her, send her, give him 등에서 이런 발음을 들을 수 있어요. 본문 87쪽과 97쪽에서 이 같은 예를 살펴볼까요?

I said into my pillows, "I love (①), I love
(②)!"

① ② **her** [흐] 소리가 또렷하게 안 들리죠? 앞 단어에 붙어서
  [러버], [러버]라고 발음했어요.

He came and sat beside (③) and held (④)
fragile hand.

③ ④ **her** [비사이더], [헬더]라고 발음했어요.

"일어나! 게럽! 게럽!"

끝소리 t가 모음과 이어질 때는 [ㄹ] 소리를 내 주세요.

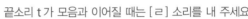

"일어나! 일어나!" 하면서 "게럽! 게럽!"이라고 하는 노래 들어 보았나요? [겟업]이 아니라 [게럽] 하고 발음하죠. 끝소리 t에 모음이 이어지면 [ㅌ]를 흘려서 [ㄹ]로 발음하기 때문이에요. "알겠니?" 라는 뜻의 "Got it?"도 [갓잇]이 아니라 [가릿?]에 가깝게 발음한답니다. 누군가 [가릿?] 하고 물으면 "Got it!" [가릿!]이라고 대답하세요. 그럼 이런 예를 본문 22쪽, 120쪽에서 확인해 볼까요?

"But, how did tar water (　①　) there?"

① **get in** [게린]에 가깝게 들리죠?

"He also added that people say his wife, (　②　) jealousy, murdered another woman."

② **out of** out의 t 소리를 흘려서 [아우러브]라고 했어요.

04 "라쥐 사이즈로 주세요!"

-ge를 발음할 때는 입을 동그랗게 내밀어 주세요.

"메시지 왔습니다~"라는 말 자주 듣죠? 그런데 message 의 정확한 발음은 메시지가 아니라 [메시쥐]예요. -ge를 [지]가 아닌 [쥐]로 발음하기 때문이죠. 입술을 앞으로 내 민 상태에서 혀에 힘을 주어 입천장을 밀어내는 모양으로 소리냅니다. large, village, age 등도 이렇게 발음한답니 다. 본문 106쪽, 124쪽에서 이런 발음의 예를 살펴봐요.

I almost fainted with shock when he took a
(①) file from his pocket.

① **large** 입을 동그랗게 내밀어 [라쥐]라고 발음했어요.

"Now, burn this (②)!"

② **message** [메시쥐]예요. 이제부터 -ge는 [지]가 아니라
[쥐]로 발음하세요.

1장 | 내 이름은 핍!

p.14~15 아버지 이름은 피립이고 내 세례명은 필립이
다. 난 어릴 때 필립을 제대로 발음하지 못해 나를 핍
이라고 불렀다. 어머니, 아버지, 그리고 다섯 형제는
기억이 날 만큼 나이를 먹기도 전에 모두 돌아가셨
기 때문에 전혀 알지 못한다. 그들이 묻혀 있는 묘
지는 아무도 돌보지 않아 쐐기풀로 뒤덮여 있었다.
하지만 난 그들의 묘비 옆에 작은 공간을 만들어 놓고
앉아 그들이 살아 있었다면 내 삶이 얼마나 달라졌을까
를 공상하곤 했다.

난 누나, 그리고 매형 조 가거리와 런던 남동쪽으로 30마일 떨어진 마을에서 살았
다. 마을은 템즈 강과 메드웨이 강 사이 쌀쌀하고 축축하고 안개 자욱한 습지에 자리
잡고 있다. 그곳 습지는 황량한 불모의 땅으로 사람들이 몸을 숨겨도 발각이 되지 않
는다.

어느 추운 오후, 묘지에 앉아 있는데 덩치가 큰 한 남자가 갑자기 내 목덜미를 잡아
챘다. "조용히 해!" 그는 끔찍한 목소리로 소리쳤다. 양다리에는 무거운 족쇄와 쇠사
슬이 감겨 있었고 옷은 진흙투성이였다.

"누구세요?" 그가 내 몸을 번쩍 들어올리자 난 무서워서 숨을 쉴 수가 없었다.

"조용히 해, 이 꼬마 놈, 그렇지 않으면 모가지를 분질러 버릴 테다!" 그가 으르렁
거렸다. "제발 해치진 마세요, 아저씨!" 난 그의 화가 난 얼굴을 쳐다보며 애원했다.

p.16~17 "이름을 말해 봐!" 남자가 말했다.

"핍이오." 난 더듬거렸다.

"어디에 사냐?" 남자가 물었다.

난 마을을 가리키며 말했다. "저기요. 누나랑 매형 조 가거리랑요. 마을의 대장장이
예요."

"대장장이라, 오!" 양손을 맞대고 문지르면서 그가 말했다. "먹을 것과 브랜디, 그
리고 이 사슬을 잘라 낼 큰 줄칼을 가져다주면 널 해치지 않겠다. 그리고 아무한테도
말하지 마, 그렇지 않으면 네 심장과 간을 꺼내 버릴 테다!"

"네!" 난 속삭였다.

"잊지마." 그가 사납게 말했다. "하지만 조심해야 돼. 여기 어디에 다른 남자가 숨어 있어. 너를 보자마자 죽여 버릴 거야."

난 집으로 달려가려고 했지만 다리가 휘청거려 빨리 뛸 수가 없었다. 반쯤 가서야 멈춰 서 숨을 돌리고 둘러보았다. 하지만 남자는 사라지고 없었다!

p.18~19　누나는 나보다 스무 살이 위고 늘 괴팍스러웠다. 누나는 누구한테나 나를 손수 길렀다는 얘기를 하고 싶어 했다. 하지만 매형 조는 온화하고 마음씨 좋고 느긋한 사람이었다.

"큰일났다. 핍!" 내가 집에 들어가자 매형이 말했다. "빨리 문 뒤에 숨어. 누나가 찾고 있어."

하지만 누나는 금방 날 찾아 냈다!

"너 어디에 있었던 거니?" 누나가 다그쳤다.

"묘지에 갔었단 말야." 난 대답했다.

"묘지라고!" 내가 널 손수 기르지 않았으면 너도 다른 가족들하고 거기 묻혀 있었을 거야!"

갑자기, 아무 예고도 없이 누나가 내 어깨를 움켜쥐더니 막대기로 엉덩이를 패댔다.

"누가 너를 키웠지?" 누나가 다그쳤다.

"누나가." 난 소리쳤다.

그날 밤 잠을 설치고 다음날 아침 일찍 발뒤꿈치를 들고 살금살금 아래층으로 내려갔다. 빵과 치즈, 그리고 큰 돼지고기 파이를 식품 저장고에서 꺼냈다. 그런 다음 브랜디를 빈 병에 붓고, 누나의 병을 물로 가득 채웠다. 마지막으로 매형의 작업실로 살금살금 들어가 최대한 큰 줄칼을 찾아 들고 나왔다.

늪지를 향해 달려가는데 바깥은 쌀쌀하게 얼어붙어 있었다. 음식을 훔쳐 죄를 지은 기분이었다. 갑자기 안개 속에서 소들이 나타났다. 빤히 쳐다보는 눈빛으로 콧김을 뿜으면서 소들이 이렇게 말하는 것 같았다. "안녕, 꼬마 도둑!"

p.20~21　큰 도랑을 건너니까 앞에 한 남자가 앉아 있는 모습이 보였다. 가까이 다가가자 돌아보는데 놀랍게도 그는 내가 찾는 죄수가 아니었다! 이 남자도 역시 족쇄를

차고 있었고 창백한 얼굴은 심하게 찢기고 부르터 있었다. 나를 보자 벌떡 일어나서
안개 속으로 비틀거리며 사라졌다. 급히 달려가 보니 내가 찾는 남자가 옹이투성이 오
래된 나무 아래서 기다리고 있었다.

"아저씨나 아저씨 친구한테 더 이상 음식과 술을 가져다줄 수 없어요." 내가 말
했다.

"그 인간은 아무것도 필요하지 않아." 남자가 퉁명스럽게 대답했다.

그 죄수는 정신 나간 사람처럼 자신의 족쇄를 갈아 대기 시작했다.

"그 인간 어디로 갔지, 꼬마?" 그가 다그쳤다.

하지만 난 너무나 무서워서 대답을 하지 못하고 있는 힘을 다해 집으로 달려갔다.

얼마 안 있어 크리스마스 파티를 위해 손님들이 찾아왔다. 마을의 목사인 웝슬 씨와
매형의 부유한 삼촌 펌블축이었다.

"셰리 주와 포트와인 한 병 가져왔다." 펌블축 삼촌이 말했다.

"어머, 친절하신 삼촌." 누나가 상냥하게 말했다.

우리는 모두 테이블에 앉았고, 식사하기 전에 웝슬 목사님이 간단하게 기도를 했다.
이번에는 누나가 말했다. "브랜디를 좀 드실래요, 펌블축 삼촌?"

"오 안돼! 드디어 두려워하던 순간이 왔구나!" 난 생각했다. "물 탄 걸 삼촌이 알게
될 거야!"

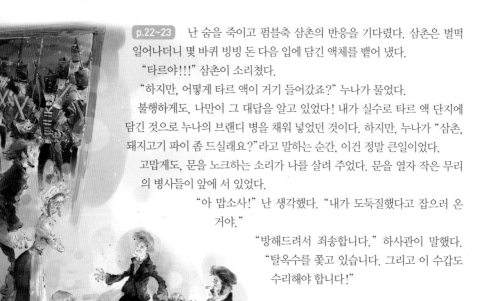

p.22~23 난 숨을 죽이고 펌블축 삼촌의 반응을 기다렸다. 삼촌은 벌떡
일어나더니 몇 바퀴 빙빙 돈 다음 입에 담긴 액체를 뱉어 냈다.

"타르야!!!" 삼촌이 소리쳤다.

"하지만, 어떻게 타르 액이 거기 들어갔죠?" 누나가 물었다.

불행하게도, 나만이 그 대답을 알고 있었다! 내가 실수로 타르 액 단지에
담긴 것으로 누나의 브랜디 병을 채워 넣었던 것이다. 하지만, 누나가 "삼촌,
돼지고기 파이 좀 드실래요?"라고 말하는 순간, 이건 정말 큰일이었다.

고맙게도, 문을 노크하는 소리가 나를 살려 주었다. 문을 열자 작은 무리
의 병사들이 앞에 서 있었다.

"아 맙소사!" 난 생각했다. "내가 도둑질했다고 잡으러 온
거야."

"방해드려서 죄송합니다." 하사관이 말했다.
"탈옥수를 쫓고 있습니다. 그리고 이 수갑도
수리해야 합니다!"

"금방 고칠 수 있을 거요!" 이렇게 말하면서 매형은 서둘러 방에서 나갔다.

"휴!" 난 생각했다. "날 잡으러 온 건 아니야. 게다가 없어진 파이에 관해선 아무도 모르는 것 같아!"

매형이 수갑을 들고 돌아와서 우리에게 군인들과 함께 가자고 제안했다.

"아 안 돼. 그 죄수가 내가 자기를 배신했다고 생각하지 않으면 좋겠다." 서둘러 병사들을 쫓아가면서 그런 생각을 했다. 그런데, 갑자기 안개 속에서 고함치는 소리가 들렸다.

p.24~25 "죄수들이 이쪽에 있다! 빨리들 오시오!"

우린 모두 달려나가다 흙탕에서 싸우고 있는 두 남자와 마주쳤다.

"두 사람, 항복하라, 그리고 조용히 나와라!" 하사관이 소리쳤다.

비쩍 마른 젊은 죄수가 울부짖었다. "하지만 저 인간이 나를 죽이려고 했소!"

"투덜거리지 마!" 경비병이 말했다. "너희 둘 다 배로 돌아간다!"

우리는 보트가 대기하고 있는 곳으로 걸어갔다. 그런데 내가 아는 죄수가 보트에 올라타기 전에 우리 쪽을 돌아보며 소리쳤다. "내가 마을의 대장장이한테서 음식과 술을 훔쳤소!"

"당신이 그럴 수 있다는 걸 신은 아실 거요." 매형이 소리쳤다. "당신이 무슨 짓을 했는지는 모르지만, 우리도 당신이 굶어죽기를 바라진 않소!"

"휴, 이번에도 모면했구나." 그들이 어둠 속으로 사라지는 것을 지켜보면서 난 생각했다. 마치 노아의 방주처럼 생긴 감옥선이 해변가 저만치에서 그들을 기다리고 있었다.

2장 | 해비샴 부인과 에스텔라

p.28~29 열 살 무렵이었을 때 매형의 펌블축 삼촌이 나를 해비샴 부인에게 데리고 갔다. 부인은 그곳에서 놀며 자신을 즐겁게 해 줄 아이를 원했다. 부인은 굉장히 부유하고 좀 이상한 사람이었다. 누구나 부인에 관해 알고 있으면서도 부인을 봤다고 기억하는 사람은 없었다. 난 좀 무서웠다!

떠나기 전에 누나가 나를 바깥으로 데리고 나가더니 속옷만 남기고 다 벗게 했다. 너무 추웠다!

누나는 작은 비누 한 덩어리를 주면서 소리질렀다. "네가 닦아! 이런 기회가 온 것을 감사히 여겨야지!"

제일 좋은 옷으로 차려 입고 난 펌블축 삼촌과 함께 그의 마차에 올랐다.

"자, 애야. 너를 손수 길러 준 사람들에게 항상 감사해야 한다!" 삼촌이 말했다.

"핍, 신의 가호가 있기를!" 달려가는 우리에게 매형이 소리쳤다.

해비샴 부인은 새티스 하우스에서 살았다. 탑들이 딸려 있는 거대한 붉은 벽돌 건물로, 창문에는 창살이 쳐 있고 오크나무로 만든 육중한 대문이 두 개 있었다. 펌블축 삼촌이 대문에서 초인종을 누르자 여자아이가 나왔다.

"네가 핍이니?" 그녀가 물었다.

"네." 나는 조심스럽게 대답했다.

그녀는 대문을 열어 주면서 이렇게 말했다. "야, 빨리 들어와. 해비샴 부인이 기다리고 계셔!"

p.30~31 집안은 어둡고 지저분해서 여자아이가 촛불을 켰다. 높게 아치형으로 생긴 천장에 매달려 있는 엄청난 거미줄, 높은 석조 기둥과 조각상들을 보고 난 압도당하면서 무서웠다. 널찍한 목조 계단을 올라갈 때는 옛 친척들의 거대한 초상화가 냉혹하게 우리를 내려다보았다. 정말 너무 무서운 집이었다!

여자아이가 나무로 조각된 커다란 문 앞에서 멈추자 난 예절을 생각해 "먼저 들어가"라고 말했다.

"바보 같은 소리 마." 그녀가 소리쳤다. "난 안 들어갈 거라구."

내가 무슨 말을 하기도 전에 그녀는 급히 가 버렸다.

공교롭게도, 그녀가 촛불을 가지고 가는 바람에 난 춥고 어두운 복도에 혼자 남겨졌다.

달리 어떻게 해야 할지 몰라 난 문을 두드렸다.

"들어오너라!" 안에서 힘없고 노쇠한 목소리가 들려왔다.

문을 열자 녹슨 경첩에서 끽끽 소리가 크게 났다.

"얼굴을 볼 수 있게 가까이 오렴." 어스름한 곳에서 소리가 들렸다.

소리 나는 쪽으로 걸어가니 이상한 노부인이 보였다. 하얀색 실크 웨딩 드레스처럼 보이는 것을 입고 있었다. 하지만 먼지가 앉은 흰색 머리나 때가 절은 면사포와 마찬가지로, 그녀의 옷은 이제 더러운 회색이 되어 있었다. 해비샴 부인을 포함해 방안의 모든 것이 오래되고 바래 있었다.

"난 해비샴인데, 넌 누구니?" 부인이 물었다.

"전 핍이에요." 난 대답했다.

p.32~33 해비샴 부인이 말했다. "날 봐라. 네가 태어나기 전부터 지금까지 햇빛을 전혀 보지 못한 여자가 무섭지 않니?"

"아니오." 난 거짓으로 말했다.

부인은 자신의 손을 왼쪽 가슴에 얹고 물었다. "여기 무엇이 있는지 아니?"

"네, 마님. 마님의 심장이오." 난 대답했다.

"그냥 심장이 아니라 찢어진 심장이다!" 부인은 슬프게 말했다.

"이제 놀아라. 얘야!"

"놀잇감이나 같이 놀 사람이 있으면 놀겠는데." 내가 말했다.

해비샴 부인은 내게 에스텔라를 부르라고 했다. 난 시키는 대로 했고 몇 분 후에 에스텔라가 들어왔다.

"이제 카드 놀이를 해라." 해비샴 부인이 말했다.

하지만 여자애는 나를 위 아래로 훑어보더니 역겹다는 듯이, 내가 서민 노동자 계층의 아이에 불과하다고 내뱉었다. 하지만 잠시 설득을 하자 에스텔라는 나와 카드 게임을 했다.

"저 아이 거친 손과 투박하고 무거운 신발 좀 봐!" 그녀가 내뱉었다.

"저 애가 너한테 심하게 말하더라도 아무 말 하지 말아라, 핍!" 해비샴 부인이 말했다. "에스텔라를 어떻게 생각하는지 말해보렴?"

p.34~35 "예쁘기는 한데 건방진 것 같아요." 나는 속삭였다. "이제 집에 가고 싶어요!"

"6일 지나서 다시 오거라." 해비샴 부인이 말했다. "에스텔라, 핍을 아래층으로 데리고 가서 먹을 것을 좀 주렴."

에스텔라는 나를 춥고 습한 마당에서 기다리게 했다. 난 나의 거친 손과 커다란 신발을 바라보았다. 그것들을 부끄러워해 본 적이 없었지만, 이제는 아니었다!

잠시 후에, 그녀는 스튜 한 사발과 물 한 잔을 들고 돌아왔다. 에스텔라는 나를 쳐다보지도 않은 채 음식을 건네주었고 난 마치 눈 밖에 난 개라도 된 기분이었다. 그녀가 가고 나자 난 두 손으로 얼굴을 가리고 울기 시작했다.

"야, 너 울고 있었니?" 에스텔라가 열쇠를 들고 다시 나타나서 말했다. 그러고는 나를 비웃더니 문을 자물쇠로 열고 거리로 밀어냈다.

집에 도착하자, 부인 댁 방문에 관해 사실대로 얘기해도 아무도 믿지 않을 것 같았다. 그래서 난 거짓말을 했다!

난 흥분한 것처럼 들리게 이렇게 이야기했다. "해비샴 마님은 검정색 벨벳 의자에 앉아 계시고, 에스텔라라는 여자아이가 그 옆에 앉아 있었어. 우리는 맛있는 케이크를 금 쟁반에 담아 먹고, 금으로 만든 컵으로 차를 마셨어!"

누나는 내가 재산을 일부 받을 수 있을지도 모른다고 생각했다.

난 매형에게 거짓말 하는 게 싫어서 그날 저녁 사실을 털어놓았다. 그리고 내가 비천한 게 슬프다고 말했다.

매형이 말했다. "거짓말을 해서는 이 세상에서 아무것도 얻을 수 없단다. 그러니까 항상 열심히 일하고 거짓말은 하지마, 핍!"

p.36~37 다음날, 난 친구 비디에게 모든 것을 털어놓았다. 출세하고 싶다고 하면서 그녀가 아는 것을 무엇이든 내게 가르쳐 달라고 부탁했다. 비디가 나를 도와주겠다고 해서 고마웠다.

그날 늦게 졸리 바지면 술집에서 매형을 만났다. 매형은 웝슬 씨와 한 낯선 사람과 앉아 있었다. 낯선 사내는 나를 보고 고개를 끄덕이며 자기 옆에 앉으라는 듯한 신호를 보냈다. 하지만 그의 생김새가 맘에 안 들어 대신 매형 옆에 앉았다!

낯선 사내가 말했다. "그럼 당신이 대장장이 가거리 씨군요. 이곳 늪지에 사람이 많이 삽니까?"

"아니오, 하지만 가끔 탈옥수가 숨어 듭니다." 매형이 말했다.

그때, 놀랍게도 그 낯선 사람이 나에게 눈짓을 보내며 말했다.

"가거리 씨. 이 애 이름이 뭐요?

"핍입니다." 매형이 대답했다.

낯선 사내는 내게 무언가 말을 걸고 싶은 듯이 계속 나를 쳐다보았다. 물에 탄 럼주가 잔에 나오자 그는 주머니에서 큰 줄칼을 꺼내더니 자기의 럼주를 휘저었다! 난 너무 무서워서 거의 기절할 뻔했다! 매형의 대장간에서 내가 꺼낸 바로 그 줄칼이었다! 난 주변을 둘러보았다. 하지만 아무도 그것을 본 사람은 없었다!

"휴," 난 생각했다. "운 좋게 또 한 번 모면했구나!"

p.38~39 조와 내가 떠나려고 하자 낯선 남자가 손을 들어올리며 말했다. "잠깐, 여기 그 아이에게 줄 새 은화가 있소."

사내는 동전을 구겨진 종이에 싸더니 나에게 건네주었다. 난 그에게 고맙다고 말하고 매형과 함께 어두운 거리를 지나 서둘러 돌아갔다.

누나는 동전 이야기를 듣고 흥분했다. 풀어 보라고 작은 묶음을 누나에게 주었다. 하지만 또 다른 놀라운 것이 우리를 기다리고 있었다! 은화가 1파운드짜리 지폐 두 장에 싸여 있었던 것이다. 매형이 허겁지겁 술집으로 되돌아갔지만 낯선 사내는 이미 가고 없었다! 매형이 돈을 들고 돌아오자 누나가 오래된 찻주전자에 그것을 감추어 버렸다!

해비샴 부인 댁을 또 다시 방문했을 때 에스텔라가 대문에서 기다리고 있었다. 우린 빛이라고는 그녀의 촛불밖에 없는 어두운 통로를 따라 걸어갔다. 그녀가 갑자기 멈춰서 나를 돌아보았다.

"내가 예쁘니?" 그녀가 물었다.

"응 예뻐." 난 대답했다.

"내가 무례하니?"

"저번만큼은 아냐!"

아무 경고도 없이, 그녀는 아무것도 들고 있지 않은 손으로 내 뺨을 때리더니 버럭 소리질렀다. "이젠 나를 어떻게 생각해. 이 지겨운 꼬마 녀석아!"

"너한테 말 안 해!" 난 말했다.

"더 울지 그래, 형편없는 녀석," 그녀가 벌컥 화를 냈다.

"다시는 우는 모습을 안 보여줄 거야!" 내가 말했다.

p.40~41 에스텔라가 나를 해비샴 부인에게 남겨 두고 나가자 노부인이 말했다. "저 반대편 방으로 나를 좀 데려다주겠니, 핍?"

부인의 팔을 잡고 우리는 천천히 복도를 가로질러 반대편 방으로 걸어갔다. 방은 길고 어두웠는데, 한때는 틀림없이 아름다웠을 것 같았다. 큰 테이블은 향연을 위해 준

비되어 있는 것 같았다. 하지만 자세히 보니 그것은 거미줄과 먼지, 곰팡이로 온통 뒤덮여 있었다.

해비샴 부인이 테이블 한가운데 있는 거미줄 뒤덮인 먼지투성이 덩어리를 가리켰다.

"저것이 내 웨딩 케이크였단다!" 부인이 슬프게 말했다.

부인은 한숨을 내쉬며 말했다. "이 테이블이 차려진 건 오래 전 바로 이 날이었지!"

또 다시 떠날 시간이 되자 에스텔라가 나타나서 나를 마당으로 데리고 갔다. 그녀가 내게 먹을 것을 가져다주고 나서, 난 정원 여기저기를 걸었다. 저택 뒤편에서 한 창문 너머로 키가 크고 창백한 아이가 나를 노려보고 있는 것이 보였다. 갑자기 그 소년이 정원에 나타났다.

"넌 누구야?" 그가 다그쳤다. "그리고 누가 널 이리로 들여보냈어?"

"난 핍이야. 에스텔라 양이 날 들여보냈어." 내가 대답했다.

그는 코트를 벗어 던지더니 말했다. "이리 와, 덤벼 봐."

p.42~43 달리 어떻게 할 수 있었겠는가? 나는 그에게 달려들어 머리로 가슴팍을 박아 버렸다. 그는 주저앉았다가 또 다시 일어섰다. 이번에는 얼굴을 한 대 치자 그는 쓰러져서 머리를 바위에 부딪히고 말았다! 숨을 헐떡이면서 그가 말했다. "네가 이긴 거 같다." 그가 너무나 용감하고 순진해 보여서 난 이긴 것이 그다지 기쁘지 않았다.

"미안해." 이렇게 말하면서 난 에스텔라가 기다리고 있는 곳으로 서둘러 갔다. 그녀는 나를 보자 반가워하는 기색으로 이렇게 말했다. "원한다면 나한테 키스해도 돼."

하지만 어떻게 비천한 아이인 내가 그녀에게 키스를 할 수 있겠는가?

해비샴 부인 댁을 매주 방문하는 것은 거의 10개월 간 계속되었다. 만날 때마다 부인은 내게 묻곤 했다. "에스텔라가 점점 예뻐지지 않니, 핍?"

그 때마다 나는 똑같이 대답했다. "네!"

에스텔라는 여전히 예측을 할 수가 없었다! 가끔씩 다정하게 대하긴 했지만 대개는 까다롭게 굴었다!

어느 날, 해비샴 부인이 말했다. "키가 점점 자라고 있구나, 핍. 네가 함께 일한다는 대장장이가 이름이 뭐지?"

"조 가거리요, 마님." 난 대답했다.

"그가 여기 올 수 있겠니?" 부인이 말했다.

"영광으로 여길 거예요, 마님." 난 조심스럽게 대답했다.

p.44~45 다음날, 매형과 나는 가장 멋진 옷으로 차려입고 해비샴 부인 댁으로 갔다. 매형이 불안하고 초조해 하는 것을 느낄 수 있었다.

"핍이 당신의 견습생인 게 맞나요?" 해비샴 부인이 물었다.

"맞습니다, 마님." 매형이 대답했다.

"저 얘가 여기 있었던 기간에 대해 보수를 받을 것으로 기대했나요?"

"아니오, 절대 아닙니다." 매형이 말했다.

"좋아요, 이건 핍이 여기 있으면서 번 돈이에요." 부인이 말했다. 부인은 작은 꾸러미를 내게 주면서 말했다. "네 스승에게 주거라, 핍."

돈을 받아서 건네주자 매형이 말했다. "정말 고맙구나, 핍."

"저 다시 와야 할까요, 해비샴 마님?" 내가 물었다.

"아니다. 이제 조 가거리가 너의 주인이다! 에스텔라, 저 사람들을 내보내라." 부인이 말했다.

그날 밤 마침내 잠자리에 들었을 때 잠을 이룰 수가 없었다. 난 대장장이가 되고 싶지 않았다. 나는 신사가 되고 싶었다. 하지만 매형한테 어떻게 얘기하지? 평생을 더럽고 비천하게 산다는 건 생각만 해도 두려웠다!

3장 | 비천한 건 싫어!

p.48~49 비디는 나와 같은 고아였다. 웝슬 씨의 왕고모가 마을의 아이들을 위해 운영하는 야간학교에서 그녀를 만났다. 비디는 매우 영리해서 내가 공부하는 것을 도와주기도 했다.

난 내가 배운 것을 무엇이든 매형에게 전해 주려고 노력했다. 그에게 읽고 쓰는 것을 가르쳤다. 내가 매형을 도와준 건 이기적인 이유에서였다. 나는 매형이 덜 무식해서 에스텔라에게 좀 더 호감을 얻기를 바랐다.

화창한 어느 날, 공부가 끝나고 매형과 나는 산책을 나갔다. 우리는 죄수선이 정박해 있는 만이 바라보이는 언덕에 잠깐 멈춰서 쉬었다.

"매형, 해비샴 마님을 한번 찾아뵈어야 하지 않을까요?" 내가 물었다. "저를 도와 주셨는데 감사를 전혀 드리지 못했어요. 괜찮다면 내일 반나절 쉬고 싶어요."

매형은 잠시 생각하더니 허락해 주었다. 에스텔라를 다시 볼 수 있다는 생각에 가슴이 쿵쿵 뛰었다.

새러 포킷이라는 젊은 여자가 새티스 하우스의 문을 열어 주었다.

"에스텔라는 여기 없어." 그녀가 비웃듯 말했다. 멋진 숙녀가 되려고 유럽으로 떠났지! 에스텔라가 보고 싶니?"

나는 대답을 하지 않았다. 그리고 그날 오후는 해비샴 부인과 보냈다. 저녁에 서둘러 집으로 돌아오고 나니 비천한 나의 집과 일에 대한 혐오감이 더욱 커져만 갔다!

p.50~51 갑자기 감옥선에서 총소리가 들려왔다.

빵! 빵!

죄수들이 또 탈출한 것이 틀림없었다. 난 졸리 바지먼 술집으로 서둘러 갔다가 그곳에서 웝슬 씨를 만났다.

"핍, 누군가 너희 집에 침입해서 누나를 공격했어!" 그는 소리쳤다. 난 다리가 허락하는 한 최대한 빠르게 집으로 달려갔다. 누나는 의식을 잃고 마룻바닥 위에 꼼짝 않고 누워 있었다. 바닥에 놓여 있는 무거운 족쇄로 머리와 척추를 얻어맞은 것이다.

불쌍한 누나는 몇 주간 앓아 누워 있었다. 더 이상 보지도 듣지도 말하지도 못했고, 기억력도 영향을 받았다. 하지만 누나는 전보다 침착해진 것 같았다.

비디가 함께 살면서 누나를 보살피기 위해 왔다. 그녀의 모습이 얼마나 달라졌는지 깨닫게 된 것은 바로 그때였다. 옷차림이 깔끔해지고 머리도 항상 예쁘게 빗고 있었다.

"비디는 예쁘기는 하지만 에스텔라만큼 아름답지는 않아. 나처럼 평민이기 때문이야." 난 생각했다.

다음 일요일, 비디와 나는 산책을 나갔다.

강기슭에 이르러 둑에 앉자 마음속 비밀을 너무 털어놓고 싶어졌다. 그래서 불쑥 말해 버렸다. "비디, 난 신사가 되고 싶어! 내 일과 삶이 너무 싫어. 난 비천한 대장장이로 는 절대 행복해질 수 없어!"

p.52~53 "그것 참 안됐구나." 그녀는 조용히 말했다. "하지만 네가 가장 잘 알지. 핍."

"내가 이대로 있으면 아마 너와 결혼할 거 야." 난 말했다. "내가 너한텐 괜찮지 않아?"

"응, 난 까다롭지 않으니까." 비디가 부드 럽게 이야기했다.

"난 비천한 게 정말 싫어!" 난 소리쳤다. "난 에스텔라를 위해서 신사가 될 거야."

"그녀를 괴롭히기 위해서, 아니면 그녀의 사 랑을 얻기 위해서?" 비디가 물었다.

난 대답하지 않았다. 나도 답을 알지 못했기 때문이다!

그러자 비디가 상냥하게 말했다. "나에게 얘기해 줘서 기뻐, 핍."

나는 팔로 그녀를 감싸 안으면서 말했다. "난 너에게 무엇이든 다 얘기할 거야."

집으로 걸어갈 때는 공기가 더욱 선선했다. 내 머릿속에서 에스텔라를 지워 버려야 만 했다.

"너와 사랑에 빠질 수 있다면 사는 게 훨씬 쉬울 거야, 비디." 난 서글프게 이야기 했다. "이런 말 해도 기분 나쁘지 않지?"

"물론이지." 비디가 대답했다.

p.54~55 4년째 매형의 도제살이를 하고 있는데, 어느 날 잘 차려입은 낯선 사람이 졸리 바지면 술집에 나타났다. 그가 우리 테이블로 다가와서 물었다. "당신이 대장장 이 조 가거리요?"

"네, 그렇습니다." 매형이 대답했다.

"이 사람이 당신의 도제 핍이죠?" 그는 물었다.

"그렇소." 매형이 대답했다.

"두 사람에게 조용히 할 말이 있소." 그가 작은 소리로 말했다.

무언가 너무 비밀스러워서 우리는 술집을 벗어나 집으로 갔다. 집에 도착하자 그 낯 선 사람이 자신을 소개했다.

"내 이름은 재거스, 런던에서 온 변호사요. 의뢰인을 대신해서 두 사람을 만나러 왔소."

매형과 나는 놀라서 말을 못하고 서 있었다.

"가거리 씨, 핍의 도제 생활을 청산하는 데 반대하십니까?" 재거스가 말했다. "물론, 보상은 넉넉하게 해 주겠소."

"핍이 성공하는 것을 절대 막고 싶지 않습니다." 매형이 말했다.

"그거 반가운 말이군요." 재거스가 말했다. "나의 의뢰인이 핍에게 줄 굉장한 유산이 있다는 것을 알려 드려야겠습니다. 조만간 핍은 부유한 신사가 될 것이오."

난 내 귀가 의심스러웠다! 내가 신사가 된다니! 해비샴 마님만이 그런 일을 해 주실 수 있어!

p.56~57 "지켜야 할 규칙이 있소!" 재거스가 말했다. "첫째, 핍이라는 이름을 항상 써야 하는데, 이의 있소?"

"어, 어, 없습니다" 나는 더듬더듬 말했다. 심장이 너무 쿵쿵거려서 제대로 말을 할 수가 없었다!

"좋아요." 재거스가 말했다. "둘째, 은혜를 베푼 사람의 이름은 절대 비밀로 해야 하오. 그가 스스로 밝히기 전까지는 말이오. 찬성합니까?"

"으..음.. 네!" 난 더듬거렸다.

"내가 보호자로서 당신이 교육을 제대로 받을 수 있도록 할 것이오."

"난 항상 신사가 되는 걸 꿈꿔 왔어요!" 나는 숨도 제대로 쉴 수 없었다.

"당신은 가정교사 매튜 포킷에게 교육을 받을 것이오." 재거스가 계속 말했다. "한 주 후에 런던으로 가시오. 그의 집을 찾아가 아들을 먼저 만나도 됩니다."

그는 주머니에서 20파운드를 꺼내더니 테이블 위에 던졌다.

"이 돈으로 런던에 입고 갈 옷을 사시오." 그가 말했다.

그리고 나서 매형을 돌아보며 말했다. "자, 가거리 씨. 핍을 보내 주는 댓가를 당신에게 지불하라는 요구를 받았습니다."

"핍은 자유롭게 자신의 운명을 따를 것이오!" 매형이 말했다.

하지만 말을 하면서 매형의 음성은 떨렸고, 내가 위로하려고 하자 매형은 나를 밀어 버렸다.

"가거리 씨, 이번이 마지막 기회요! 재거스가 말했다.

느닷없이 매형은 재거스에게 덤벼들며 소리쳤다.

"날 그만 괴롭히시오!"

내가 매형을 떼어내자 재거스 씨는 자신의 코트와 모자를 거칠게 집어들었다. "핍, 신사가 되고 싶다면," 그가 말했다. "이곳을 빨리 떠날수록 좋겠소!"

그리고 그는 우리만 남겨두고 나갔다.

p.58~59 "내가 떠난다는 걸 매형이 비디에게 말해 줄래?" 내가 물었다.

"아니, 네가 말하는 게 좋겠다." 그는 슬프게 대답했다.

얼마 지나, 비디가 아래층으로 내려오자 매형과 나는 그녀에게 내 행운 소식을 전했다.

"어머, 축하해, 핍." 그녀가 말했다. "은혜를 베푼 사람은 누구니?"

"그건 비밀이야." 매형이 말했다. "하지만 핍이 큰 유산을 받게 된데!"

그날 밤, 난 정말 슬프고 고독했다. 신사가 되겠다는 꿈을 꾸기 전과는 모든 것이 다르게 느껴졌다!

다음날 아침 난 묘지로 산책을 나갔다. 부드러운 잔디 위에 팔다리를 쭉 펴고 누워 곧 잠이 들었다. 얼마 지나 매형이 나를 흔들어 깨웠다.

"이제 너를 잘 못 보겠구나." 매형이 말했다.

"매형이 공부를 좀 더 못한 것이 안타까워요." 내가 말했다. "교육을 좀 더 받으면 매형도 신사가 될 수 있을 텐데."

"난 무식하다, 핍." 매형이 조용히 말했다. "내일 외에는 아는 게 없어."

천천히 걸어 집으로 돌아와 보니 비디가 빨래를 널고 있었다. 난 비디에게 내가 없는 동안 매형이 좀 더 발전할 수 있도록 도와달라고 부탁하고는, 매형의 학식과 매너가 좀 더 나아져야 한다고 덧붙였다.

p.60~61 비디는 엉덩이에 양손을 얹더니 나를 노려보았다.

"그럼, 넌 매형의 매너가 엉망이라고 생각하니?" 그녀가 소리쳤다.

"여기서는 그 정도면 돼. 하지만 돈 많은 사람들과 어울리려면 아니야!" 내가 잘라 말했다.

"아마 매형은 그런 사람들과 어울리고 싶어 하지 않을 거야." 비디는 화가 나서 말했다.

"네가 그렇게 생각한다니 유감이야, 비디." 난 말했다.

더 이상 말이 없이 비디는 빈 빨래 바구니를 집어 들고 집안으로 휙 들어가 버렸다.

다음 날 아침 일찍 나는 읍내로 나가 새 옷을 사고 펌블축 삼촌을 방문했다. 삼촌이 작은 셰리 주 잔을 건네 주어 함께 나의 새로운 삶을 위해 건배했다.

그리고 삼촌이 말했다. "너를 손수 길러 준 소중한 누나를 위해!"

"네. 누나에게 감사하고 있습니다." 내가 말했다.

다음날 아침 다섯 시에 난 누나의 집을 떠났다. 떠난다는 사실이 슬펐지만 새롭고 흥미로운 세상이 앞에 펼쳐져 있는데 지체할 수가 없었다.

4장 | 런던에서의 새로운 삶

p.64~65 마차로 런던까지 가는 데 다섯 시간이 걸렸다. 재거스 씨를 그의 사무실에서 만나기로 약속했는데 그곳에서 기다리며 나를 맞이해 주지 않아 놀랐다.

"사무실에서 기다리세요. 그렇게 늦지는 않을 거예요." 재거스 씨의 서기인 웨믹이 말했다.

하지만 나는 어둡고 음침한 재거스 씨 방에서 기다리는 것이 견딜 수 없어서 산책을 나갔다. 더러운 거리, 황량하고 보잘 것 없는 상점들이 정말 싫었다.

사무실로 돌아와 보니 다행히도 재거스 씨가 나를 기다리고 있었다. 그는 나에게 여러 장의 지폐를 주며 이렇게 말했다. "이 돈은 일일 경비요. 돈을 낭비하지 마시오. 그렇지 않으면 크게 곤란해질 것이오!"

나는 그에게 감사하고 돈을 주머니에 구겨넣었다. 재거스 씨는 말했다. "웨믹이 당신을 버나즈 여관으로 데려다줄 테니 포킷 씨 아들을 만나시오. 자, 이제 가 봐요!"

여관으로 가는 길에 웨믹이 이렇게 경고했다. "핍 조심해요. 런던에서는 사기를 당하거나 강도를 만나거나, 심지어 살해될 수도 있습니다!"

p.66~67 웨믹이 크고 허름한 낡은 빌딩 앞에 멈추자 난 실망했다. 버나즈 여관이라면 훨씬 더 멋질 것으로 생각했다.

"잘 들으세요. 내가 돈을 관리합니다." 그는 말했다.
"그러니까 앞으로 자주 보게 될 것이오! 자, 안녕히
가세요."

악수를 나누고 그가 가고 나서 나는 계단의 창문
을 밀어 열었다. 그런데 창문이 곧바로 단두대처럼
뚝 떨어지는 게 아닌가! 미처 머리를 창 밖으로 내
놓기 전에 떨어진 것이 다행이었다.

30분이 지나자 포킷 씨 아들이 들어왔다.

"전에 본 적이 있는 거 같은데요?" 그가 놀라서 물었다.

"아 그렇네요." 내가 대답했다. "해비샴 부인 댁 정원에서죠! 그 창백한 어린 신
사!"

"아, 그렇죠!" 그가 말했다. 우리 둘은 웃음을 터뜨렸다.

그는 말했다. "난 해비샴 부인이 내게 돈이나, 아니면 에스텔라를 줄까 했어요! 하
지만 부인은 에스텔라에게 남자를 비참하게 만들라고 가르쳤어, 그러니 내가 왜 그녀
를 원하겠어?"

"둘이 친척인가요?" 내가 물었다.

"아니, 에스텔라는 입양됐어요!" 그가 대답했다.

"그런데 해비샴 부인은 왜 그렇게 남자들을 싫어하죠?"

"아직 못 들었단 말이에요?" 그가 물었다.

난 고개를 젓고 나서 다음 얘기를 기다렸다.

p.68~69 "재거스 씨는 해비샴 부인의 변호사야." 그가 말했다. "그가 우리 아버지
를 당신 선생으로 추천해서 기뻐요. 아버지는 해비샴 부인의 사촌인데 둘이 몇 년 동
안 단 한 마디도 안 했어요!"

잠깐 침묵이 흐른 후 그가 말했다. "그런데, 내 이름은 허버트야."

"내 이름은 필립이야. 하지만 사람들이 대부분 핍이라고 부르지." 내가 말했다.

"해비샴 부인 얘기를 좀 더 해 줄래, 허버트?"

"그녀는 외동딸이었어. 어릴 때 어머니가 돌아가시고 부유한 아버지가 그녀를 버릇
없게 만들었지." 그가 말했다. "아버지가 곧 재혼을 했는데, 새 부인은 이미 아들이 있
었어. 아주 못된 아들! 그 아들은 돈이 많으면서도 항상 더 갖고 싶어 했지. 심지어 해
비샴 부인의 돈까지!"

나는 드러나는 슬픈 얘기에 귀를 기울였다.

"25년 전에 해비샴 부인은 교육은 제대로 받았지만 신사라고는 할 수 없는 어떤 남

자와 사랑에 빠졌어." 그는 얘기를 계속했다. "부인은 약혼자에게 많은 돈을 줘 버렸지. 우리 아버지가 주의를 주었지만 듣지 않으려고 했어! 결혼식 날이 다가왔지만 신랑은 나타나지 않았어! 웨딩 드레스를 입고 나서야 부인은 약혼자에게서 편지를 받았지. 결혼을 깨트리는 편지."

p.70~71 우리는 잠시 말없이 앉아 있었다. 허버트가 말했다. "그 이후로 부인은 집 밖으로 한 발작도 안 나왔어. 집은 폐허가 되었고."

"저런, 끔찍해라!" 내가 말했다.

"그렇지, 하지만 얘기는 더 심각해." 허버트가 말했다. "부인의 약혼자가 그녀의 이복형제를 위해서 일한 거였데! 부인에게서 받은 돈을 몽땅 나눠가진 거야."

"왜 부인과 결혼해서 재산을 다 차지하지 않았는지 궁금한 걸." 내가 말했다.

"아마 이미 결혼을 한 몸일지도 몰라." 허버트가 말했다.

다음 월요일, 허버트가 나를 자기 아버지에게 데리고 갔다. 메튜 포킷 씨는 우리에게 인사를 한 후 아내와 자식들에게 나를 소개했다. 집안으로 들어가서는 자신이 가르치는 두 젊은이 드러믈과 스타탑에게 나를 소개했다.

스타탑은 한눈에 호감이 갔다. 하지만 아버지가 남작이라는 좀 나이 들어 보이는 젊은이 드러믈은 건방지고 멍청해 보였다.

저녁식사 후에 메튜 포킷 선생과 나는 정원으로 산책을 나갔다.

"네 교육 얘기를 해야겠구나, 핍." 그는 말했다. "어떤 한 직업 분야를 교육 받을 필요는 없을 것 같다. 신사가 돼서 상류사회에 어울릴 수 있도록 교육을 받게 될 거야."

p.72~73 나는 버나즈 여관에서 허버트와 함께 묵기로 했다. 그와 같이 있으면 예의 범절도 배울 수 있을 것이다.

포킷 선생과 허버트의 도움으로 나는 빠르게 발전했다. 허버트는 회계 회사에 근무하고 있었다. 장래 그의 꿈은 선박을 구입해서 수입품을 거래하는 것이다. 우리는 국제 무역을 해 보자는 계획에 관해 이야기를 했다.

"넌 돈 벌 수 있는 기회를 찾아 봐야 돼." 허버트가 말했다. 돈이 충분히 모이면 그걸 투자할 수 있지!"

어느 날, 돈을 받기 위해 재거스 씨 사무실에 들렀다. 웨믹이 나를 맞으며 조용히 말했다.

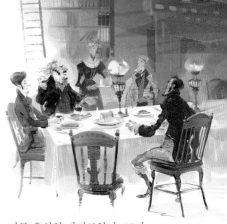

"재거스 씨와 식사 했소?"

"아니, 아직이오."

"재거스 씨가 내일 저녁에 초대할 것 같소. 그런데 그 집 가정부를 잘 봐요. 핍 씨. 한때는 거칠었는데 재거스 씨가 얌전하게 길들였데요!"

웨믹의 말이 옳았다! 나와 친구들은 재거스 씨의 식사에 초대되었다. 테이블에 자리를 잡자 가정부가 첫 번째 음식을 내왔다. 키가 큰 40세 가량의 여자로, 머리는 길고 헝클어져 있었다. 난 그녀를 유심히 바라보았다. 그녀는 재거스 씨를 두려워 하는 것 같았다. 하지만 이상하게도 낯이 익어 보였다.

p.74~75 저녁 식사 후, 가정부가 테이블을 치우고 있는데 재거스 씨가 갑자기 그녀의 손을 움켜잡으며 말했다. "이 사람들이 지금 힘 애기를 하고 있는데, 몰리, 당신 손목을 저 사람들한테 보여줘."

그녀는 마지못해 자기 손목을 테이블 위에 올려놓았다. 한쪽 손목에 깊게 상처가 나 있었다.

재거스 씨가 말했다. "남자들도 이 여자만큼 손목이 강한 사람은 거의 없지."

9시 반에 우리는 하숙집으로 돌아왔다.

몇 달 후, 난 비디에게서 이런 편지를 받았다.

핍 씨에게,

화요일에 가거리 씨가 너를 만나러 런던에 갈 거야. 아침 9시면 버나즈 여관에 도착할 거 같아. 불쌍한 너의 누나는 네가 떠날 때와 별 차도가 없어. 하지만 우리는 네 애기를 자주 한단다.

친애하는 비디로부터

매형의 방문이 기다려지진 않았다. 매형과는 이제 더 이상 공통점이 없다. 사실, 매형과 떨어져 있기 위해 기꺼이 돈을 지불할 수도 있었을 것이다!

늘 그렇듯이 매형은 시간이 정확했다. 정각 9시에 매형이 문을 두드렸다. "핍, 많이 컸구나." 그가 말했다.

"어떠세요, 매형?" 내가 물었다. "굉장히 좋아 보이시는데요."

우리는 난롯가에 편안하게 앉아 집과 누나, 그리고 내 일에 관해 잠시 애기를 나누었다.

p.76~77 매형이 말했다. "오래 있지는 않을 겁니다, 선생. 관심 가질 만한 소식을 해비샴 부인한테서 가져왔소."

"매형 나를 선생이라고 부르지 마." 내가 말했다.

하지만 그는 내 말을 안 듣고 계속 말했다.

"해비샴 부인이, 에스텔라가 집에 오는데 자네를 보고 싶어한다고 전해달라고 했네. 그만 가야겠는데, 잘 지내게 선생. 이곳 런던에서 성공하기를 바라네."

"왜 그렇게 빨리 가세요, 매형?"

"신의 가호를 빈다, 핍 선생." 그는 말했다. "하지만 난 내 본분을 잘 알지! 우리는 다시 만나면 안 돼! 너는 이제 신사고, 난 이제 너의 세계에 어울리지 않아."

그렇게 우리는 헤어졌다! 난 혼자 멍하니 서 있었다!

다음날, 난 내가 살던 마을로 실어다 줄 마차에 몸을 실었다. 그런데 놀랍게도 마차에 죄수 두 명이 타고 있었다! 갑자기, 난 너무 무서워서 숨도 쉴 수가 없었다! 보니까 한 죄수는 졸리 바지면 술집에서 줄칼을 가지고 있던 그 남자였다!

나는 머리를 가렸다. 그리고 마차의 흔들거리는 움직임 때문에 나는 다시 잠이 들어버렸다.

p.78~79 잠시 후 잠에서 깨자 죄수 중 하나가 "1파운드짜리 지폐 두 장"이라는 얘기를 하는 것이 들렸다. 나는 잠자는 척하면서 그들의 대화를 귀 기울여 들었다.

"그 사람은 종신형을 살고 있고 나는 나가려던 참이었지." 죄수가 말을 계속했다. "그래서 그가 자기에게 음식을 주었던 소년을 찾아서 1파운드짜리 지폐 두 장을 전해주라고 부탁하더라고."

"왜 그렇게 했소?" 또 다른 죄수가 물었다. "나 같으면 먹고 마시는 데 썼을 거야. 그 사람이 전혀 모를 테니까!"

더 이상 얘기를 듣고 싶지 않았다. 마차가 멈춰서 다행히 난 내릴 수 있었다. 난 안도의 숨을 내쉬었다. "그가 나를 알아보지 못했겠지! 적어도 그렇지 않기를 바라야지!"

p.82~83 매형의 방문에 죄의식이 느껴졌다. 매형이 마땅히 받아야 할 존경심을 가지고 그를 대하지 않았다. 나의 잘못된 행동을 만회하기 위해서는 매형을 찾아가야 할 것 같았다. 하지만 자신의 낡은 집이 내게 적당치 않다고 걱정하면서도 매형은 내게 함께 묵자고 할 거라는 것도 역시 알고 있었다. 결국 마을의 블루 보 여관에 대신 묵기로 마음먹었다.

잠을 자려고 애써 보았지만 해비샴 부인이 내게 어떤 계획을 가지고 있을까 생각하느라고 밤새 잠을 설쳤다.

다음날 아침, 해비샴 부인 댁에 도착해 대문의 초인종을 눌렀다. 에스텔라가 아닌 하녀가 문을 열었다.

집안으로 들어가 어두운 계단을 올라 해비샴 부인의 방문을 두드렸다.

안에서 힘없는 목소리가 들려왔다. "들어와라, 핍!"

부인 옆 테이블에 램프가 있었지만 방 안은 여전히 어두웠다. 어슴푸레한 빛에 적응이 되자 해비샴 부인 옆에 우아한 젊은 여자가 앉아 있는 것이 눈에 들어왔다. 손을 무릎에 올려놓고 눈을 내리깐 채, 그녀는 내가 들어가도 쳐다보지 않았다.

나는 노부인의 섬세한 손을 잡고 입을 맞추면서도 내내 궁금했다. "저 신비스러운 여인은 누구지?"

p.84~85 해비샴 부인이 곧 내 생각을 가로막았다.

"마치 여왕이라도 되는 것처럼 내 손에 키스를 하는구나." 부인이 말했다.

"가능한 빨리 오라고 하셨죠, 그래서 곧바로 달려왔습니다." 내가 말했다.

바로 그때 젊은 여자가 눈을 들어 나를 바라보았다. 에스텔라였다! "다시 마… 만나서 바… 바… 반가워요." 난 말을 더듬거렸다. 그녀는 내가 기억하고 있는 것보다 훨씬 더 아름답고 여성스러웠다.

"에스텔라가 많이 변했지, 핍?" 해비샴 부인이 물었다.

"에스텔라인지 몰랐는데, 이제 비천한 아이로 다시 돌아간 것 같은 기분이에요." 나는 말했다.

"옛날의 에스텔라는 도도하고 무례했지." 노부인이 말했다.

"그때는 내가 굉장히 불친절했죠." 에스텔라가 말했다. "우리 정원으로 산책이나 가요, 핍."

함께 걸으면서 난 흥분으로 떨렸지만 에스텔라는 나한테 아무런 감정도 드러내지 않았다. 드디어 그녀가 나에게 먹을 것을 주었던 안마당에 이르렀다.

"나를 어떻게 울렸는지 생각나요?" 내가 말했다.

그녀는 고개를 저으며 말했다. "당신은 내게 심장이 없다는 걸 알아야 해요. 물론 찌르거나 쏠 수 있는 맥박 뛰는 심장은 있어요. 하지만 사랑이나 동정심, 감정 따위를 느낄 마음은 없어요."

그녀의 목소리에 아무런 감정도 담겨 있지 않아서 난 마음속으로 다시 울고 싶어졌다. 그녀의 얼굴을 보자 무언가 낯익은 듯한 느낌이 들었다. 누군가 다른 사람이 떠오르는데 누구지?

p.86~87 우리는 집으로 돌아갔고 에스텔라는 나를 해비샴 부인과 단둘이 남기고 가 버렸다.

"그런데, 에스텔라를 어떻게 생각하니, 핍?" 부인을 휠체어에 태우고 방안을 왔다 갔다 하고 있는데, 노부인이 내게 물었다. "그녀의 아름다움에 빠진 게 보이는데."

"누구나 그녀의 아름다움을 찬양해요." 내가 대답했다.

그 순간 해비샴 부인이 흥분하면서 내 옷을 움켜잡았다.

"그녀를 사랑해!" 부인이 소리쳤다. "그녀가 너를 좋아한다면 그녀를 사랑해! 그녀가 너를 가슴 아프게 해도 그녀를 사랑해! 난 에스텔라를 사랑 받도록 키웠어, 핍!"

해비샴 부인이 의자 쪽으로 다시 몸을 던졌고, 그때 제거스 씨가 도착했다.

"이제, 가 봐라!" 부인이 부드럽게 말했다. "저녁 식사가 곧 준비될 거야."

재거스 씨와 나는 넓은 계단을 걸어내려가 식당으로 갔다. 식사 후에 우리 넷은 카드 게임을 했고, 에스텔라가 런던을 방문하기로 결정했다. 그녀가 도착하면 내가 마중을 나가기로 했다.

그날 저녁 블루 보 여관으로 돌아갔지만 피곤함에도 불구하고 잠이 오지 않았다. 해비샴 부인의 말이 머리에서 떠나지 않았다.

"그녀를 사랑해라, 그녀를 사랑해라, 그녀를 사랑해라!"

난 베개에 머리를 파묻고 수백 번 외쳤다, "난 그녀를 사랑해, 그녀를 사랑해!" 하지만 그녀의 잠자는 마음을 어떻게 깨우지? 에스텔라가 한때 대장장이

소년에 불과했던 나에게 운명지
워진다는 건 생각만 해도 얼마나
좋을까!

p.88~89 재거스 씨와 나는
정오 마차를 타고 런던으로 돌아
갔다. 에스텔라를 만났다는 얘기를
허버트에게 하고 싶어서 참을 수가 없
었다.

"난 에스텔라와 사랑에 빠졌어!" 내가 말했다. "난 정말 그녀를 사랑해!
전에 그녀를 사랑했지만, 지금은 두 배 사랑해!"

허버트의 대답이 나를 놀라게 했다. "나도 알아! 해비샴 부인이 너희 둘을 결합시켜
주니 너한테는 정말 다행이야!"

"그런데 핍," 그가 흥분해서 말했다. "나도 너한테 알려 줄 게 있어. 나 클라라와 몰
래 약혼했어. 클라라가 하류계층 출신이고 나한테 맞지도 않는다고 어머니가 말씀하
시지만 난 괜찮아! 난 그녀를 사랑한다고! 돈만 충분히 모이면 바로 결혼할 거야."

그 주에 편지 한 통을 받았다. 이렇게 쓰여 있었다.

핍에게
내일 모레 런던에 가요. 해비샴 부인의 말로는 당신이 그곳에서 나를 맞이할 거래
요. 부인이 안부 전해 달라고 합니다.
에스텔라

그날이 되자 그녀가 도착하기로 한 것보다 몇 시간 전에 서둘러 마차역으로 갔다.
역에 있는데 웨믹 씨가 지나갔다. "안녕하시오. 핍," 그가 말했다. "뉴게이트 감옥으
로 가는 중인데 같이 가겠소?"

특별히 할 일도 없어서 난 웨믹을 따라갔다.

p.90~91 감옥에 가 본 적이 없었기 때문에 난 죄수들이 수감되어 있는 상황을 보고
섬뜩해졌다. 재거스 씨와 연관이 있기 때문에 죄수들은 웨믹을 좋아했다. 웨믹은 재거
스 씨가 죄수들을 교수형에서 벗어나게 하려고 애쓰기 때문에 그들 사이에서 인기가
좋다고 말해 주었다.

"어떠시오, 대령?" 웨믹이 나이 먹은 죄수에게 말했다.

"좋습니다, 고맙소." 그가 말했다.

"당신을 꺼내 주지 못해서 미안하오. 불리한 증거가 너무 많았어요!" 웨믹이 친절하게 말했다.

"알고 있습니다." 죄수가 대답했다. "하지만 당신한테 이별인사를 할 수 있어서 다행이오."

둘이서 창살을 사이에 두고 악수를 나눈 후 웨믹이 나를 다른 쪽으로 데리고 갔다.

"대령은 월요일에 처형될 거요." 웨믹이 속삭였다.

p.92~93 마차역으로 돌아왔지만 아직 시간이 좀 남아서 나는 옷에 묻은 감옥의 먼지를 털어내며 시간을 보냈다.

마침내 마차가 도착하고, 난 에스텔라가 내릴 수 있도록 문을 열어 주었다. 그녀의 첫 마디는 바로 이랬다. "우리는 해비샴 부인의 지시대로 해야 하니까, 나를 리치몬드로 데려다 주세요!"

무엇이 문제인지, 그녀는 시키는 대로 행동하는 것 같았다.

"하지만, 피곤할 텐데 잠시 쉬지 않을래요?" 내가 물었다.

"좋아요. 당신이 날 돌봐 주어야 해요." 그녀가 대답했다.

근처에 마침 식당이 있어서 간단히 먹을 것을 주문했다.

"리치몬드에는 왜 가야 하죠?" 내가 물었다.

"중요한 사람들에게 나를 소개해 줄 한 부인과 살기로 했어요." 그녀가 대답했다.

그녀는 재빨리 화제를 바꿔 물었다 "포킷 씨와 지내는 건 어때요?"

난 얼굴을 붉히며 말했다. "당신이 없어서 더할 나위 없이 즐겁습니다."

"이런 바보 같은, 말도 안 되는 소리!" 그녀가 재빨리 말했다.

차를 마시고 우리는 마차를 타고 리치몬드로 갔다. 그녀는 마차에서 내리자 안녕이라고 말하고는 더 이상 말이 없이 집으로 급히 들어가 버렸다.

"여기서 에스텔라와 함께 살 수만 있다면 얼마나 행복할까," 난 생각했다. "하지만 우리가 함께 있는데 내가 왜 비참하게 느끼는 거지?"

p.94~95 나의 '엄청난 유산'이 나를 변화시키고 있다는 사실을 깨닫기 시작한 것은 그 즈음이었다. 그것도 좋은 쪽으로는 아니었다는 것을 인정해야겠다.

허버트와 나는 좋은 친구였지만 돈을 잘 관리하지는 못했다. 생활비는 받자마자 바닥이 나서 난 항상 빚을 지고 있었다. 그리고 내가 허버트에게 나쁜 영향을 미치고 있음이 분명했다. 그가 자신의 수입을 여력이 되지 않는 쓸데 없는 것들에 써 버렸기 때문이다! 비용을 내가 대 줄 수도 있었지만 허버트는 자존심이 강해서 거절했을 것이다.

어느 날 저녁, 난 이렇게 말했다. "허버트, 우리 재정 상태를 좀 해결해야겠다!"

하지만, 한 장의 편지가 문 안쪽으로 밀려져 들어오면서 우리 얘기는 중단이 되었다. 허버트가 편지를 집어 내게 건네 주었다. "너한테 온 거야, 핍!"

비디에게서 온 편지인데 누나가 사망했다는 내용이었다. 장례식이 다음 월요일로 예정되어 있어서 나는 가장 빠른 마차를 잡아타고 집으로 향했다.

만나 보니 불쌍한 매형은 슬픔에 잠겨 있었다.

"어때요 매형?" 그의 어깨를 어루만지면서 내가 물었다.

"만나서 반갑다, 핍, 녀석," 그가 말했다. "자주 방문했다면 누나가 얼마나 좋아졌는지 볼 수 있었을 텐데!"

p.96~97 장례식 날은 어둡고 음산했다. 검은 옷에 검은색 중절모를 쓴 남자 넷이 누나의 관을 들고 가고, 나와 매형은 그 뒤를 따라서 교회 묘지로 갔다. 장례식을 간단히 치른 뒤 누나를 부모님 묘 옆에 잠들 수 있게 안장했다.

그날 저녁, 매형과 비디, 나는 함께 저녁을 먹었다. 매형은 굉장히 불편해 보였지만 내가 옛날 내 방에서 자고 싶다고 말했더니 얼굴이 밝아졌다.

얼마 후 비디와 나는 밖으로 나가 얘기를 나눴다.

"넌 이제 여기 머물 수 없어." 내가 말했다. "그러니까 돈이 필요하면 나한테 말해!"

"난 괜찮아." 비디가 말했다. "이 근처 새 학교에 교사 지원을 했어."

"누나가 어떻게 죽었는지 얘기해 줘, 비디."

"누나는 4일 동안 헛소리를 했어. 그러더니 갑자기 조를 불렀어. 조가 달려와서 옆에 앉아 누나의 힘 없는 손을 잡았지. 누나는 머리를 조의 어깨에 기댄 채, 한 시간이 채 안 돼서 가고 말았어!"

우린 잠시 말없이 앉아 있었다. 그녀가 말했다. "조는 절대 불평을 안 해. 하지만 조는 너를 사랑하고 네가 정말 잘 되기만을 바라고 있어, 핍."

p.98~99 "자주 찾아온다고 약속할게, 매형을 슬프게 하진 않을 거야." 내가 말했다.

"이번에는 분명히 약속 지킬 거야?" 비디가 받아쳤다.

난 화가 나서 말했다. "비디, 어떻게 그런 질문을 할 수가 있지?"

그날 밤 난 비디의 냉혹한 말을 생각하면서 잠을 제대로 못 잤다. 다음날 아침 매형을 찾아가서 말했다. "이제 가 봐야겠어요, 매형. 하지만 곧, 그리고 자주 찾아올게."

"꼭 그러렴, 핍," 작업장으로 가면서 매형이 남긴 유일한 말이었다.

부엌에서 비디가 빵을 굽고 있는 것이 보였다.

"비디, 난 화가 난 건 아니야. 하지만 너의 차가운 말에 가슴이 아파." 내가 말했다.

아침 안개를 뚫고 걸어가면서 난 비디가 옳다는 생각을 했다. 조만간 다시 돌아오지는 않을 것이었으니까.

스물한 번째 생일날에 재거스 씨가 내게 500 파운드를 주며, 매년 생일 때마다 같은 액수를 받게 될 것이라고 말했다. 후원자의 이름을 알 수 있는지 그에게 물었다. 그는 대답했다. "아니오!"

6장 | 아벨 매그위치

p.104~105 23세가 되었지만 유산에 대해서는 아무 말도 듣지 못했다. 어느 날 저녁, 방에 혼자 있는데 계단에서 발소리가 들렸다. 램프를 집어들고 현관으로 나갔다. 그곳, 어두운 계단 위에 한 낯선 남자가 서 있었다.

"핍을 찾고 있소." 그가 말했다.

"내가 핍인데요! 무슨 일이세요?" 내가 말했다.

"올라가서 모든 것을 설명해 주겠소."

낯선 남자는 난롯가에 서서 등을 따뜻하게 녹였다. 그러고는 나를 위아래로 훑어보면서 말했다. "크고 튼튼하게 성장했군요. 핍 씨!"

p.106~107 뭐라고 해야 할지 몰라 가만히 있었다. 바로 그 순간, 난 그 남자를 알아보았다. 그 탈옥수였다!

"스물한 번째 생일 때 500 파운드를 받았죠, 핍?"

나는 너무 놀라서 그저 고개만 끄덕였다.

"스물한 살 될 때까지 당신 보호자 이름의 첫 글자가 J였죠?"

저 사람이 어떻게 그걸 다 알지? 난 다리가 너무 후들거려서 제대로 서 있을 수가 없었다. 그가 말했다. "그래, 핍. 내가 너를 신사로 만들었구나!"

그가 주머니에서 큰 줄칼을 꺼내는 순간 나는 놀라서 거의 기절할 것 같았다.

그는 씩 웃으면서 말했다. "내가 너의 후견인일 수도 있다는 걸 생각해 본 적이 있니?"

"전혀요." 난 대답했다.

"내 이름은 아벨 매그위치야. 감옥에서 탈출해 오스트레일리아로 갔지. 양치기 농부가 되어 많은 돈을 벌었단다. 열심히 모아서 번 돈을 모두 재거스 씨한테 보냈어." 그가 말했다. "핍, 바다에서 몇 주를 보냈더니 굉장히 피곤하구나. 오늘 밤 여기서 자도 될까?"

"내 친구가 지금 나가고 없어요. 친구 방을 쓰셔도 돼요." 내가 말했다.

난 믿을 수가 없었다. 내 후견인이 해비샴 부인이 아니라 이 범죄자였다니! 매형 생각이 났다.

"불쌍한 매형! 범죄자 때문에 매형을 버렸어. 난 매형에게도 비디에게도 이제 돌아갈 수 없어!"

마음이 혼란스러워서 그날 저녁 잠도 제대로 못 잤다. 자리에서 일어났을 때는 여전히 어둡고 추웠다.

p.108~109 다음 날 저녁, 허버트가 계단을 밟고 올라오는 소리가 들렸다. 그가 문에 들어서자마자 매그위치는 허버트에게 성서에 대고 자신을 만났다는 말을 절대 하지 않겠다는 맹세를 하게 했다. 나중에 난 허버트에게 모든 것을 얘기했고, 허버트도 나처럼 매그위치와 같은 방에 있는 것을 불편해 했다.

다음날 아침, 매그위치는 자신의 삶에 관한 이야기를 우리에게 들려주었다.

"난 생애 대부분을 감옥을 들락거리며 살았지." 그가 얘기했다. "20년 전에 콤피슨이라는 사내를 만나서 사업 파트너가 되었지. 하지만 얼마 안 있어서 그가 사기꾼에 거짓말쟁이라는 걸 알게 되었어! 그 인간한테는 또 다른 파트너 아서가 있었는데, 매우 사악했지. 콤피슨은 나보다 젊고 영리했고 난 그에게 항상 빚을 지고 있었어. 나와 내 마누라, 아, 음, 그건 또 다른 얘기야."

매그위치는 얘기를 계속했다. "훔친 은행권을 유통시키다가 잡혔는데 정황상 내가 주모자로 지목되었어! 난 유죄 판결을 받고 14년을 선고 받았는데, 콤피슨은 신사처럼 보인다는 이유로 7년을 받았지! 언젠가 꼭 복수하고야 말겠다고 그 인간에게 맹세 했어! 그 약속을 감옥선에서 지켰지. 그 인간을 패 버리고 깨진 병으로 얼굴을 그어 버리면서 말야.

p.110~111 후에 습지로 탈출했는데 그 자가 날 따라왔어. 그래서 끝까지 쫓아가 다시 패 버렸어. 습지에 있던 또 다른 남자가 바로 그 사람이었어, 핍! 나는 종신형을 받았어. 물론 평생 감옥에서 산 건 분명 아니지만!"

허버트가 무언가 적던 책을 나에게 건네 주었다. 이렇게 적혀 있었다. "해비샴 동생의 이름이 아서이고, 콤피슨은 틀림없이 해비샴 부인의 약혼자야!"

그날 저녁, 야간 경비원이 찾아와 주의를 주었다.

"수상한 사람이 당신 창문을 올려다보는 걸 봤어요." 그가 말했다. "얼굴에 험악한 흉터가 길게 나 있었어요!"

"이 남자가 누군지 아세요?" 난 매그위치에게 물었다.

"콤피슨이야. 그 자가 틀림없이 나를 쫓고 있어." 그가 소리쳤다.

해비샴 부인을 방문하고 싶진 않았지만 가야 했다! 에스텔라를 꼭 봐야 했다! 에스텔라가 구애자들 중에서 드러믈에게 가장 호감을 갖고 있다는 말을 우연히 들었다.

새티스 하우스에 도착해 보니 두 여자는 카드 게임을 하고 있었다.

난 에스텔라를 바라보며 속삭였다. "내가 당신을 사랑한다는 거 알죠."

"난 당신한테 아무 감정 없어요, 핍." 그녀가 냉정하게 말했다.

"벤틀리 드러믈하고 결혼할 거예요?" 내가 물었다.

"그래요. 그와 결혼할 거예요." 그녀가 대답했다.

p.112~113 난 참을 수가 없어서 애원했다. "드러믈과 결혼하지 말아요, 에스텔라! 훨씬 좋은 남자가 많아요!"

"난 드러믈 씨와 결혼하기로 마음 먹었어요!" 그녀가 말했다. "당신은 곧 나를 잊게 될 거예요!"

"아니야!" 난 소리쳤다. "당신은 나의 모든 것이야, 에스텔라!"

난 그녀의 손을 잡고 잠시 내 입술에 갖다 댔다. 그리고 그녀 곁을 떠났다. 너무 화가 나서 계속 걸어서 런던의 하숙집으로 돌아갔다.

집에 가자마자, 야간 경비원이 쪽지를 전해 주며 이렇게 말했다. "이걸 전해 준 신사가 방에 올라가시기 전에 꼭 읽어야 한다고 했습니다."

쪽지를 펴 보니 간단히 이렇게 쓰여 있었다.

"집에 가지 마시오. 웨믹."

안전을 위해 코벤트 가든에 방을 얻었다. 밤새 잠을 못 자고 웨믹을 찾아갔다.

p.114~115 "누군가 당신을 감시하고 있소. 핍!" 그가 경고했다. "그리고 어떤 남자가 어디 먼 나라에서 사라졌다는 소문도 있어요! 그래서 허버트를 만나러 갔소. 그의 친구 클라라가 강 옆에 집이 있는데, 매그위치가 몸을 숨기고 영국으로 가는 배를 감시하기에 아주 이상적인 곳이오. 핍, 이곳에 나와 함께 있으면 안전할 테니 원한다면 밤을 보내도록 하시오."

난 그의 난롯가에 앉았고 얼마 안 있어 잠이 들었다.

다음날 아침 일찍 클라라의 집으로 서둘러 갔다. 문을 두드리자 걱정에 찬 허버트가 문을 열고는 거리를 이리저리 살펴보았다.

"들어와." 그가 속삭였다.

"다 잘 되었어, 핍." 그가 문을 닫으면서 말했다.

"때가 되면 나도 아저씨와 함께 가겠어요!" 내가 매그위치에게 말했다.

"보트를 구해서 강에서 배 젓는 연습을 합시다." 허버트가 말했다. "몇 주 지나면 사람들이 우리를 의식하지 않을 거야. 그럼 매그위치를 배까지 무사히 옮겨서 그 배로 영국을 떠나는 거야."

좋은 생각 같아서 모두가 동의했다.

몇 주가 지나면서 난 은행에서 조금씩 내 돈 대부분을 빼내고 약간의 보석을 팔아 여행에 쓸 현금을 확보했다.

p.116~117 며칠 후, 시장을 걸어가고 있는데 큰 손이 내 어깨를 덥석 잡았다. 재거스 씨였다.

"오늘 밤 들러서 나와 저녁이나 하시지, 핍."
그가 말했다.

그날 저녁 식사 중에 그가 말했다.
"해비샴 부인이 급히 보고
싶어하시네, 핍."

"내일 가겠습니다." 난 말했다.

갑자기, 아무런 예고도 없어 문이 활짝 열리며 몰리가 방안으로 들어왔다. 화가 난 눈빛에 손은 안절부절 못하고 있었고, 긴 머리가 어깨 위로 되는대로 흘러내려 있었다! 하지만 왠지 낯이 익었다. 똑같은 눈과 손을 가진 사람을 최근에 분명히 보았어! 그 순간 번듯 떠올랐다. 에스텔라와 닮았어! 에스텔라의 엄마가 틀림없어!

그날 저녁 웨믹과 함께 집으로 걸어가면서 나는 말했다.

"몰리에 관해서 얘기해 주세요."

"20년 쯤 전에, 재거스가 살인 재판에서 그녀를 변호했지." 웨믹이 말했다. "몰리는 떠돌아다니는 남자와 결혼을 했어. 자기 남편이 다른 여자와 사랑에 빠졌다고 생각하고 질투가 났지. 그 여자는 살해되었고 몰리가 유일한 용의자였어. 재거스 씨는 몰리의 죄를 입증할 증거가 부족하다는 것을 증명했고 그녀는 석방되었어. 같은 시기에 몰리가 남편에게 복수하기 위해 자기 아이를 죽였다는 소문이 돌았지! 그리고 바로 후에 몰리는 재거스를 위해 일하기 시작했고."

"아이가 사내였어요 여자아이였어요?" 내가 물었다.

"여자아이." 그가 대답했다.

p.118~119 해비샴 부인을 다시 방문했을 때 부인은 재거스 씨가 에스텔라를 자기에게 데리고 왔다는 얘기를 해 주었다. 에스텔라의 생모는 살인죄로 고소되었지만 무죄 판결을 받았다는 얘기도 했다. 이 모든 기억들이 부인을 힘들게 하는 것 같았다. 우리는 난로 앞에 조용히 앉아 있었다.

갑자기, 부인 옷에 불이 붙고 부인은 소리를 쳤다.

"아~~~~~"

난 얼른 내 코트로 덮어 불꽃을 꺼 버렸다! 그리고 테이블에서 더러운 테이블보를 벗겨내 부인의 뼈만 앙상한 몸을 덮어 주었다. 도움을 청하러 보낸 후 난 의사가 올 때까지 부인 곁에 머물렀다. 그제서야 내 손이 심하게 덴 것이 보였다. 밤새도록 함께 있었지만 아침에는 부인 곁을 떠나야만 했다.

p.120~121 하숙집에 돌아오자 그동안 일어난 일을 허버트에게 얘기해 주었다.

"강가 쪽의 일은 다 잘 됐나?" 내가 물었다.

"모두 준비됐어, 핍." 허버트가 말했다. "그런데 매그위치한테 오늘 흥미로운 얘기를 들었어. 그 사람 말이 결혼을 한 번 했고, 죽었을 거라고 생각하는 아이도 하나 있다는 거야. 사람들이 그의 아내가 질투심 때문에 다른 여자를 살해했다고 한다더군."

"허버트, 우리가 숨기고 있는 그 사람이 에스텔라의 아버지야!" 나는 속삭였다.

그 다음날 나는 재거스를 찾아갔다.

"몰리가 에스텔라의 어머니이고 매그위치가 아버지라는 사실을 알고 있습니다!"

"무슨 증거라도 가지고 있나?" 그가 물었다.

"아니오, 그는 자신의 하나밖에 없는 아이가 죽었다고 믿고 있어요."

재거스는 말없이 앉아 있더니 두통을 잠재우려는 듯이 관자놀이를 문질렀다.

난 더 이상 할 말이 없어서 그의 사무실을 얼른 나왔다.

7장 | 영원한 친구!

p.124~125 3월의 월요일 아침, 우리는 웨믹에게서 편지를 받았다. 이런 내용이었다.

수요일이 계획을 실행하기에 좋을 것 같습니다. 이 메시지는 태워 버리세요!

손의 부상 때문에 나는 노를 저을 수가 없었다. 허버트와 내가 스타탑에게 도와달라고 요청하자 쾌히 승락했다.

허버트와 나는 독일 함부르크로 가는 증기선이 다음날 아침 일찍 만조 때 출발한다는 걸 알아냈다.

그날 밤은 유난히 어두웠고 허버트와 스타탑이 매그위치와 나를 태우고 템즈 강의 깊은 물쪽으로 배를 저어갔다. 우리는 증기선이 다가오는 것을 기다리며 지켜보았다. 그런데 어딘가에서 갤리선이 나타났다!

선장이 우리를 향해 소리쳤다. "멈추시오! 배에 탈옥수를 태우고 있습니다! 이름은 매그위치요! 그는 항복해야 합니다!"

p.126~127 갤리선 안에 민간인 복장을 한 남자가 두 경관 사이에 앉아 있는 것이 보였다. 고개를 숙이고 있어서 얼굴은 볼 수가 없었다.

"저 사람도 매그위치처럼 운이 나쁘군!" 나는 생각했다.

하지만 그런 생각은 증기선이 굉음을 내며 우리와 충돌하는 순간 갑자기 멈춰 버렸다. 우리는 모두 차가운 물속으로 고꾸라 떨어졌다! 바로 그 순간 매그위치는 상대편 죄수에게 달려들어 두꺼운 코트를 찢어 버렸다. 콤피슨이었다!

갤리선의 경관들이 나를 배 위로 끌어올렸을 때 죄수들은 흔적도 보이지 않았다!

드디어 매그위치가 물속에 가라앉지 않으려고 몸부림치는 것이 보였고, 우리는 그를 배 위로 끌어올렸다. 매그위치가 내게 속삭였다. "콤피슨은 죽었을 거야. 내가 물 속에서 그 인간을 패버렸거든!"

난 런던의 감옥으로 후송되는 매그위치를 따라갔다. 그는 부상이 심했고, 난 그가 필요한 치료를 꼭 받을 수 있게 하고 싶었다.

p.128~129 "저 때문에 우리 집까지 오시는 게 아니었어요." 난 말했다. "위험하다는 걸 틀림없이 알고 계셨을 거예요!"

"내가 결정한 거야." 그는 속삭였다. "이제 가거라, 핍. 신사가 나와 함께 있는 걸 보이면 안 돼!"

"아저씨 곁을 떠나지 않을 거예요. 제게 그러셨던 것처럼 저도 아저씨한테 진실하고 싶어요!"

정말 실망스럽게도, 재거스 씨는 매그위치를 법정에서 변호하지 않으려고 했다. 재판에서 질 것이 뻔하다고 생각한 것이다! 게다가 정부에서 매그위치가 가진 걸 모두 몰수하면 자신에게 봉사의 대가를 지불할 돈이 남지 않을 것이라는 말도 했다!

돌아오자마자 허버트와 만났다.

"사랑하는 핍," 그가 말했다. "난 카이로에서 일하게 됐어. 너도 같이 갈래?"

"정말 고마운 제안이군." 난 말했다. "조금만 생각해 봐도 될까?"

"네가 원하는 만큼!"

불쌍한 매그위치는 갈비뼈가 두 개 부러지고 폐에 구멍이 나서 숨 쉬는 것도 힘겨웠다. 그는 하루가 다르게 악화되어 갔다. 재판일까지 살아 있을지도 확신할 수 없었다. 하지만 어쨌든 그는 죽지 않고 유죄 판결을 받았다. 그는 사형선고를 받았다. 난 그날 밤 잠을 제대로 잘 수 없었다. 난 매그위치가 형이 집행되기 전에 사망하기를 바라고 기도했다.

p.130~131 열흘 후에 찾아가 보니 매그위치는 오래 버티지 못할 것 같았다.

"나를 저버리지 않은 이 아이에게 신의 가호가 있기를!" 그는 속삭였다.

"오늘은 많이 아프세요?" 나는 물었다.

"아주 좋단다." 눈을 감기 전에 그가 이렇게 말했다. 그의 마지막 말이었다.

그는 웃었다. 난 내 손을 올려 그의 가슴에 얹었다. 그는 다시 웃음을 짓고는 양손을 두 손 위에 놓았다.

"아저씨한테 할 말이 있어요." 그의 귀에 대고 속삭였다. "잃어버린 아이 기억하세요?"

그는 눈을 뜨더니 눈물을 뺨 위로 흘리며 고개를 끄덕였다.

"그녀가 아름다운 숙녀가 되었어요. 전 그녀를 사랑해요." 내가 말했다.
마지막 안간힘으로 그는 내 손을 잡아 입술에 갖다 대었다. 그러고 나서 마지막 눈을 감고 평화롭게 저 세상으로 떠났다.

p.132~133 나는 많은 빚을 지고 있었다. 먹을 것이나 땔감을 살 돈도 없었다. 머리가 무겁고 팔다리가 아파 하루 이틀을 소파 위에 무기력하게 누워 있었다.

아침에 갑자기 문이 열리더니 낯선 사람 둘이 나타났다.

"원하는 게 뭐죠?" 난 놀라서 물었다.

"당신을 빚 때문에 체포합니다!" 한 남자가 말했다.

"이 사람 열이 심한데." 다른 남자가 말했다. "좀 나으면 다시 와야겠네."

난 베개 위로 다시 쓰러졌다. 그리고 며칠 후 눈을 떠 보니 놀랍게도 침대 곁에 매형이 앉아 있었다.

"얼마나 오랫동안 아팠지?" 내가 물었다.

"꽤 됐지, 핍." 매형이 부드럽게 말했다. "네가 몹시 아프다는 소식을 들었다. 비디가 즉시 나를 이곳으로 보냈어!"

다음날이 되자 매형의 정성스러운 간호로 몸이 조금 나아졌다.

"매형, 해비샴 부인은 이제 나았을까?"

매형은 고개를 저으며 말했다. "부인은 지금 가까스로 살아 있어!"

매형은 내 곁에 머물렀고, 난 마치 어린 핍으로 돌아간 것 같은 기분이었다. 매형은 나를 위해서 무엇이든 해 주었다. 난 매일 매일 조금씩 나아졌고, 마침내 밖으로 나가 볼 수 있을 만큼 건강해졌다. 달콤하고 신선한 공기를 다시 들이쉬니까 정말 기분이 좋았다. "매형, 아픈 것에 감사하고 있어요." 난 말했다. "우리를 다시 결합시켜 주었으니까."

p.134~135 다음날 아침, 매형은 가고 없었고, 내게 남긴 편지가 한 장 있었다. 편지에는 이렇게 쓰여 있었다.

"핍, 이제 건강해졌으니까 더 이상 간섭을 하고 싶지 않구나. 내가 없어도 잘 해 낼 수 있을 거야. 최고의 친구, 조."

편지에는 영수증이 동봉되어 있었다. 매형이 빚을 모두 갚아 준 것이었다! 난 즉시 달려가 매형과 비디를 만나기로 마음먹었다. 이제 다른 사람이 되었다는 것을 그들에게 보여주고 싶었다! 그리고 비디에게 물어보고 싶은 게 하나 있었다!

이렇게 말할 생각이었다. "내가 비천한 노동자였을 때 나를 좋아했지, 비디. 그러니까 이제 나와 결혼 해 줄래?"

고향 마을에 도착하니 따뜻하고 맑은 날씨에 공기는 싱그러운 냄새가 느껴졌다. 매형의 집으로 다가가자 열린 창들 사이로 예쁜 흰색 커튼이 휘날리고 있었고, 창턱에는 향기로운 봄꽃들이 큰 꽃병에 담겨 있었다. 난 매형과 비디가 팔장을 낀 채 서 있는 것을 보고 깜짝 놀랐다. 비디는 나를 보자 소리를 지르며 꼭 끌어안았다.

"두 사람 정말 멋져 보여요." 내가 말했다.

"고마워, 핍." 비디가 흥분해서 말했다. "조와 나는 오늘 결혼했어!"

p.136~137 갑자기 주저앉자 매형이 나를 잡아 주었다.

"핍은 그런 놀라운 소식을 감당할 만큼 건강하지 못해, 여보." 매형이 말했다.

"그 생각을 했어야 했는데, 조. 하지만 너무 기쁜 나머지." 비디가 말했다.

"사랑하는 비디." 나는 말했다. "넌 이 세상에서 가장 멋진 남편을 만났어! 그리고 사랑하는 매형. 매형은 이 세상에서 가장 훌륭한 아내를 가졌어요! 매형한테 말하러 왔어. 외국에 나가 돈을 벌어서 매형이 날 감옥에 안 가게 해준 것에 보답하겠다고."

매형이 무언가 말하려고 했지만 내가 막았다.

"매형이 사랑스러운 아이가 생겼으면 좋겠어." 난 눈물이 나는 걸 참으며 말했다. "그러면 내가 그랬던 것처럼 언젠가 한 꼬마가 매형 옆에 앉아 있을 거야. 아기에게 말해 줘. 내가 두 사람을 존경한다고. 둘 다 너무 좋고 진실한… 그리고… 매형, 나를 용서한다고 말해 줘!"

"오, 사랑하는 핍," 매형이 말했다. "내가 널 용서한다는 걸 신은 알아. 용서할 게 있다면 말야!"

우리는 마지막 작별인사를 나누었고, 난 런던으로 서둘러 돌아갔다. 난 가진 것을 모두 팔고 허버트와 함께 일하기 위해 카이로로 갔다. 난 그곳에서 자리를 잡았고 해를 거듭할수록 내 삶에도 행복이 찾아왔다.

p.138~139 11년 후 난 매형과 비디를 보기 위해 영국으로 돌아갔다. 그런데 매형 옆에 어린 꼬마가 앉아 있었다. 지난 시절이 생각났다. 매형이 벌떡 일어나 나를 끌어안으며 말했다. "네 이름을 본따서 아이 이름을 핍이라고 지었어!"

비디가 나를 포옹하며 말했다. "소중한 핍, 아직도 에스텔라를 사랑하니?"

"아니, 그 꿈은 이미 사라졌어!" 난 말했다.

마지막으로 옛 저택을 방문해야 했다. 서둘러 새티스 하우스에 이르렀을 무렵 날은 이미 어둑어둑하고 안개가 깔리기 시작했다. 믿을 수가 없는 것이, 저택은 폐허 상태였다! 지붕은 없고 벽은 거의 무너져 있었다. 내 앞에, 차가운 안개를 뚫고 한 여자의 쓸쓸한 모습이 보였다. 가까이 다가서자 그녀는 몸을 돌려 나를 바라보았다!

그녀는 숨을 죽인 채 손을 가슴에 대고 속삭였다.

"핍!"

에스텔라였다. 그녀는 여전히 아름다웠다!

"나를 알아봐서 깜짝 놀랐어요." 그녀가 말했다.

우리는 정원의 의자를 찾아 앉았다.

p.140~141 "낡고 초라한 집," 그녀가 말했다. "이 집은 이제 모두 내 소유예요!" 에스텔라는 눈물이 넘쳐흐르자 고개를 숙였다.

"드러믈과 결혼해 사는 그 힘겨운 세월 속에서도 유일하게 포기할 수 없었던 곳이 죠. 다행히도 그 사람은 이제 가고 없어요! 가끔 당신 생각을 해요, 핍. 그리고 내가 얼마나 잔인했었는지도 기억하죠." 그녀가 조용히 말했다.

그녀의 아름다운 얼굴이 눈물로 일그러지자 난 조용히 말했다. "당신은 항상 내 마음 속에 있어요, 에스텔라."

"핍, 그동안 많이 어려웠어요. 하지만 그로 인해 지금은 더 나은 사람이 되었기를 바라요! 우리는 친구라고 말해 줘요!"

난 그녀의 손을 꼭 잡으며 힘주어 말했다. "우리는 친구예요!"

"그리고 떨어져서도 친구로 남을 거예요." 그녀가 말했다.

저녁 안개가 걷히기 시작하고 우리는 무너진 문들을 통과해 걸어갔다. 온 천지에 퍼진 그 고요한 빛 속에서 그녀와의 또 다른 이별이라는 그림자는 보이지 않았다.